LA LUZ SONORA

MERCEDES MENCHERO VERDUGO

LA LUZ SONORA

Una aproximación a Arvo Pärt

ATHENAICA

ATHENAICA

Primera edición: mayo de 2025

c / González Cuadrado, 46, 1A. 41003 Sevilla (España)
www.athenaica.com
athenaica@athenaica.com

Dibujo de cubierta:
Retrato de Arvo Pärt por Silvia Cosío
Fotografía de página 4:
Arvo Pärt en el Centro Arvo Pärt, 2014, por Birgit Püwe
Imprime: Kadmos

DEPÓSITO LEGAL: SE 864-2025
ISBN: 978-84-19874-71-9

ÍNDICE

LA ESCUCHA QUE MIRA

En música, hay una escucha atenta, que cierra los ojos para poder prestar atención con detalle; y hay una escucha máxima, con los ojos abiertos, la escucha que mira. Antes de que sonara *Summa*, la obra de Arvo Pärt, he hecho el silencio dentro de mí. Me he vaciado en lo posible de todos los trasuntos de la mañana, de todos los ritmos vertiginosos que traía impregnados de la calle y que habían marcado la velocidad de una jornada que ya quedaba atrás. Me he sentado en el cuarto central de la casa y he esperado el silencio o, mejor dicho, le he dado paso, para que él, que antecede y sucede a toda música, tomara su lugar y preparase el espacio para esta apertura a la audición. Unos pocos minutos pueden ser suficientes para que el silencio *sea* y se perciba, para que cobre aliento y presencia —o para que uno se haga consciente de que ya *estaba ahí*, porque el silencio siempre está—. Unos pocos minutos bastan para hallarse atemperado con y por él, el silencio; para que el pensamiento, el bombeo del corazón y la velocidad del respirar sean pacificados, se calmen, se sosieguen. Así entonces, el silencio le ha abierto el espacio a la música, en la sala acallada y en mí, y suena, repetida en una infinitud, esta obra vocal a capella, *Summa*, del maestro estonio Arvo Pärt, con el texto latino del Credo.

> *Credo in unum Deum, Patrem omnipotentem, factorem caeli et terrae, visibilium omnium et invisibilium. Et in unum Dominum Iesum Christum, Filium Dei unigenitum, et ex Patre natum ante omnia saecula, Deum de Deo, Lumen de Lumine, Deum verum de Deo vero, genitum, non factum, consubstantialem Patri, per quem omnia facta sunt...*

Hay una escucha máxima, con los ojos abiertos: la escucha que mira. Suena *Summa* en las voces flamígeras, voces-luz, candelarias, extremamente esbeltas, del Coro Jauna Muzika de Vilna, la capital de Lituania. Las imágenes que acompañan la interpretación no los muestran, no enseñan a los componentes de la ensemble. Una cámara va recorriendo el exterior y el interior de un templo, una iglesia ortodoxa. Primero, a vuelo de pájaro, la cámara rueda los exteriores del edificio en vistas aéreas. Luego, va descendiendo mientras filma, permitiendo así ver la forma arquitectónica con su planta poligonal, sus diversas naves, la techumbre, la cúpula, las torres, los árboles que rodean la iglesia, y el río que discurre muy próximo, con sus tonalidades verde cristal. La cámara, teledirigida en este magnífico plano descendente, se desplaza para enfocar la fachada principal y la puerta, que da paso al recinto. Y allí pasa el testigo...

En el interior es el color azul el que domina, en las paredes, en la cúpula, las vidrieras, las cruces, en las mandorlas que enmarcan las alegorías de los cuatro evangelistas y de los doce apóstoles, pintados en los muros y en las bóvedas. Y azul es la envoltura almendrada que circunda al Pantocrátor, en la cúpula altísima de la nave central. Son el azul y el oro los que inundan la mirada que escucha. Un cristal de ventana, en una de las pequeñas bóvedas, refleja, allá arriba, el tono garzo, azur de cielo y agua, y transparenta las sombras de una rama de árbol mecida por el viento. Y no es una, son muchas las aperturas en ventanal traspasadas por la luz de la tarde.

Iconos, iconos del Señor, alumbrados por velas titilantes. Y cruces de oro viejo. Una de ellas, quizás la más hermosa —circunscritos los bordes lobulados de todo su contorno por bombillas de tono luz de fuego, y su madera pintada en índigo aclarado—, muestra allá, en lo alto, a Dios crucificado. La madera tallada en forma de hojas de acanto, carpintería que simboliza lo inmortal del espíritu, reviste y encuadra la parte superior de los muros del iconostasio.

Qui propter nos homines et propter nostram salutem descendit de caelis, et incarnatus est de Spiritu Sancto ex Maria Virgine et homo factus est, crucifixus etiam pro nobis sub Pontio Pilato, passus et sepultus est, et resurrexit tertia die secundum Scripturas, et ascendit in caelum, sedet ad dexteram Patris, et iterum venturus est cum gloria, iudicare vivos et mortuos...

Hay una escucha máxima, con los ojos abiertos: la escucha que mira. Sigue sonando el coro que entona la partitura del maestro Arvo Pärt y ya no sólo escucho esa oración cantada, sino que ahora es *Summa* una llama, una flama de aire, primero transparente, y después, lentamente, gigantesca columna sonora que va iluminándose, prendiéndose en destellos, pasaje tras pasaje, así en todas las voces, fundidas en armonía y fundidas en luz.

De igual forma que ante un icono siempre arde, noche y día, una lamparilla que nunca ha de apagarse, *Summa* es una oración, un rezo perpetuo, que no deja de escucharse una vez que descubres esta música que le ha dado el estonio, este símbolo sonoro de las voces. *Summa* es una música hecha icono. *Summa* es icono, es imagen que se escucha y se mira, porque muestra la visibilidad —un imposible— de la música.

Quien es pintor de iconos ora mientras los pinta. Habla, mientras la pinta, a la Madre de Dios, la Theotokos, o al Pantocrátor, el Todopoderoso. Pinta con témpera al huevo su imagen en madera. Y alaba mientras pinta, porque el *eikon* nos abre la frontera entre el aquí y el Todo. E igual que el iconógrafo reza a la vez que pinta, o pinta para orar, Arvo Pärt abre completamente las vías de su luz sonora y nos lleva a mirar lo que, escuchándola, trae y lleva, trae y suelta, aproximándonos a Él, en oleadas: al Espíritu.

Escuchar *Summa* y mirar los iconos que la cámara de esa filmación muestra, o mirar uno solo, uno tan sólo, mientras suena la música. Ser una escucha máxima con los ojos abiertos, ser música e icono: ser transparencia. Porque ya no sólo estoy aquí, en mí, sea cual sea el espacio, el lugar, la estancia. Estoy también *en* la música y *en* el icono y *soy* donde ellos *son*: en lo más intimísimo de mí, que está también *allí*, en las voces del canto que se alza hacia la cúpula y en la mirada al infinito del icono. Contemplación orante de la música-icono.

> *Cuius regni non erit finis. Et in Spiritum Sanctum, Dominum et vivificantem, qui ex Patre Filioque procedit, qui cum Patre et Filio simul adoratur et conglorificatur, qui locutus est per Prophetas...*

En el aire del templo y de las voces, en el cristal de todos los ventanales, en los muros y en los fondos de las tablas de los iconos y en los ropajes y túnicas de los que en ellos figuran predomina el azul, reverbera el azul, el azul se refleja, y es, más allá de color, diafanidad que la música y la luz traspasan, llevando la mirada al infinito. Esa es la labor de todo iconógrafo cuando pinta una tabla. Ese es el sentido que *Summa* alcanza para mí: es una transparencia que arde y que, en su ascenso —música decantada, liberada, esencialísima en su trama—, es mucho más que arte del sonido: es la búsqueda de la belleza que habla a la Belleza, es el hombre que habla, que canta a Dios, al Creador, al Pantocrátor, el Todopoderoso. Y es una escucha máxima, con los ojos abiertos, mi escucha que mira, porque ella, a su vez, es mirada. Miro el icono, esa ventana al infinito, como lo llama Michel Quenot, y el icono me mira a mí.

Desde la bóveda de horno del ábside, allá en lo alto, o desde la tablilla a la altura de mis ojos, el Infinito me mira y yo miro Sus ojos. Alguien me enseñó que mirar los ojos de la figura del icono no es contemplar una obra de arte, sino el símbolo del alma del Salvador. Cada parte del rostro del icono representa algo muy concreto, para abajar el Infinito hasta el orante. Así, los ojos son el Alma del Hacedor; la nariz es Su

Soplo divino, Su Aliento, que respira. El nimbo o aureola que lo circunda es la Luz del Creador.

El dorado es el único color que no existe en la Naturaleza, por eso es el que sirve como espejo de la Luz de lo Sagrado. Y el azul, como dice Quenot, es el color del aire, del agua, de todo lo transparente, y al mirarlo, al mirar el azul, nuestra mirada lo atraviesa y está en el infinito, porque mirar al icono es alcanzar a Dios. Y no son únicamente los colores, sino la perspectiva, el modo en que, al mirar el icono, este nos reubica, nos lleva hacia Él y nos trae Su presencia. La perspectiva sin punto de fuga en un paisaje de fondo —puesto que no hay ninguno en el icono— es el espectador mismo. En el icono no hay tercera dimensión porque su profundidad es inmensamente mayor y esencial. Es el contemplador, al mirar el icono, el que es mirado por la Divinidad. El icono es la visibilidad del Invisible, aquí. Él nos lleva y nos trae, como la música, de un lado al otro del límite del ser, de un lado al otro, de continuo. Y *Summa*, imagen que se escucha y se mira, es icono sonoro, música vehicular, pasarela ascendiendo de luz sonora, que el maestro Pärt llegará a desnudar de palabras para hacerla sólo instrumental, al cabo de los años. *Summa* será al fin un orar sin palabras, sólo un adorar sin voz alguna, un movimiento del alma callada, en la música.

Et unam sanctam catholicam et apostolicam Ecclesiam. Confiteor unum Baptista in remissionem peccatorum. Et expecto resurrectionem mortuorum, et vitam venturi saeculi. Amen.

COMO EL CIERVO SEDIENTO

El estreno mundial de *My Heart's in the Highlands*, tuvo lugar en el año 2000, en la capilla del Convento de Santa Clara, en Avignon, al tiempo que en el Palacio de los Papas se celebraba la exposición *La beauté in fabula*. Fue el contratenor David James, miembro del Hilliard Ensemble, quien lo cantó. Lo acompañaba al órgano Christopher Bowers-Broadbent. En esta composición, el maestro Pärt puso música a unos versos que llevaba desde adolescente en su memoria, ya que los aprendió en inglés en su época de colegial en la Estonia soviética y nunca los olvidó; quizás porque fue el poema primero, o uno de los primeros, que le enseñaron en ese idioma extranjero; quizás —y más probablemente—, por la belleza de su lírica. Pärt lleva a una hermosura extrema la grandeza que, de por sí, ya contienen las palabras rimadas del rapsoda escocés Robert Burns. La devastación del cantor, que ha perdido a su amor para siempre, está entonada en cada estrofa sobre una única nota de las de la tríada en fa menor.

No puede ser casual que fuera allí, en aquella capilla del siglo XIV dedicada a Santa Clara de Asís —hoy desacralizada y convertida en sala de espectáculos—, donde se estrenara *Mi corazón está en las Tierras Altas*, de Arvo Pärt. No puede ser azar que, en ese mismo lugar, Francesco Petrarca viera por primera vez a su Laura de Noves. ¿Alguien orquestó esa sincronía? Posiblemente no, y no hizo falta. La Vida traza esas estelas y tiende a veces extraños hilos de oro que van haciendo el ser de la Historia humana, y va hermanando almas —¡las de Petrarca y Arvo Pärt!— y encaja así las piezas: la Vida ubica a la Belleza en los espacios que mejor pueden prestarse a su realización o a su memoria. Y así repara. Sana.

My Heart's in the Highlands, del poeta romántico Robert Burns (1759-1796), recrea una elegía, un llanto por la pérdida y la nostalgia del lugar de origen, del hogar y las raíces que lo sostenían. Porque fueron muchos los adioses que el escritor hubo de vivir a lo largo de su existencia, muchas las despedidas y rupturas, muchos los finales y los «vuelta a empezar», que desbarataron y resquebrajaron reiteradamente sus planes:

> *Mi corazón está en las Tierras Altas, mi corazón no está aquí. Mi corazón está en las Tierras Altas, persiguiendo a los ciervos, persiguiendo al ciervo salvaje y siguiendo al corzo. Mi corazón está en las Tierras Altas, donde quiera que vaya.*

Esa repetición continua en el comienzo de cada estrofa es, a la vez que un signo del dolor que perdura, una llamada, una búsqueda, una esperanza y, sobre todo, una imagen de su lealtad, lealtad a su propio ser y lealtad a aquello que para el poeta era lo más querido y se quedó en las montañas de Escocia: la tierra de sus ancestros. Robert Burns fue testigo de las consecuencias de un proceso que había comenzado catorce años antes de que él naciera. En 1745, la corona británica promulgó leyes que iban dirigidas a eliminar el sistema de clanes, ya que se consideraba que esta forma de organización social era una constante amenaza y las Tierras Altas unas tierras sin ley. (Esta parte de la Historia de Escocia e Inglaterra abarca un período de siglos en las luchas monárquicas).

Como consecuencia de ello tuvo lugar la llamada «Expulsión de las Tierras Altas» o «Expulsión de los Gaélicos». A partir del siglo XVIII millares de escoceses fueron obligados a desalojar sus granjas y a emigrar hacia el sur del país, o hacia Australia o América. El sistema feudal había comenzado a quebrarse, la organización en clanes era insostenible y la migración de sus miembros un exilio en masa, que hubo de acatarse y cumplirse ineludiblemente. En realidad, la expulsión había comenzado ya en el siglo XVII y se mantuvo hasta el XIX. El resultado fue que, tras el éxodo, muchas personas sufrieron el agrupamiento en suburbios marginales, sin ninguna ley que las amparase y siempre bajo la amenaza de una orden de expulsión.

A las Tierras Altas no llegaron la Ilustración ni tampoco los supuestos avances de la Revolución Industrial. Sus habitantes se habían mantenido durante siglos de sus cultivos y del ganado ovino. El desplazamiento y reasentamiento forzosos no sólo acabaron con su modo de subsistencia y vida sino que también provocaron la separación de las familias. Fueron los líderes de los antiguos clanes los que hubieron de organizar el orden en el que los hombres jóvenes tenían que emigrar —estos eran los primeros—, decidir el destino al que iban a dirigirse, y, una vez en el nuevo país (Norteamérica, Australia), vigilar que cumplieran con la obligación de facilitarles al resto de sus parientes el reunirse con ellos.

Robert Burns era granjero, lo fue durante buena parte de su vida, como también lo fueron su padre y su hermano. Burns nació en Alloway en 1745, cuando ya hacía casi tres lustros que el rey Jorge II había comenzado el desmantelamiento de los clanes de las Tierras Altas. Pero el poeta se haría eco, ya adulto, de todo el antiquísimo esplendor, mezcla de realidad y de leyenda, asociado a los lugares que habían habitado los clanes de Escocia. Así nacieron los versos del poema titulado *Escrito con un lápiz, de pie junto a la cascada de Foyers, cerca del Lago Ness*, cuyas estrofas grabaría con su anillo de diamantes en las piedras que marcan el sendero hasta los saltos de agua. Y así también creará *Mi corazón está en las Tierras Altas*.

Caminar avanzando entre innumerables arroyos y cuevas, donde se refugian los animales salvajes y el ganado. Bordear en el ascenso acantilados de una altura imposible que fracturan los valles y hondonadas y creer a cada paso que ese será el último, la última pisada, porque el peregrino ya no tiene fuerzas para continuar. Y cuando está a punto de renunciar, una fuerza surgida de no se sabe dónde, si del agua, de los árboles, de la tierra que va hoyando o de su propio ser, lo alza, lo aúpa y le empuja a seguir montaña arriba y... ¡ahí va de nuevo!, ¡ahí se adentra más y más en las algabas, que se suceden sin cesar! Mientras, el agua lo cubre todo, cielo y tierra, con la textura de lluvia y humedad, y brota de continuo un vapor-humo-niebla que a instantes entorpece la vista y a instantes la abre a espacios luminosos, rodeados de vaho y de relente, de rocío y vapor que calan hasta las rocas. Y el ruido. El rugido, el estallido de los saltos en cascada del río Foyers, al que parece urgirle descender, llegar a lo más hondo del valle. Pero no, en verdad el «río-pendiente» no tiene prisa por alcanzar las Tierras Bajas. Antes quiere demorarse en los límites de los desfiladeros, en lo más insondable, al borde y en las entrañas de barrancos y cavernas, y en las lagunas de sus altiplanicies.

Mi corazón está en las Tierras Altas, mi corazón no está aquí. Mi corazón está en las Tierras Altas, persiguiendo a los ciervos, persiguiendo al ciervo salvaje y siguiendo al corzo. Mi corazón está en las Tierras Altas, donde quiera que vaya.

Uno de los escondidos valles de las Highlands es Glen Etive, donde la mansedumbre se despliega ayudada por sus hermanos menores: el silencio y la soledad, y donde los ciervos campan a sus anchas. Cuando el río Etive entra en el valle ya ha dejado atrás su tramo de corriente poderosa y ahora sus saltos de agua hasta llegar al lago son el único sonido que se bate en medio del sigilo y sosiego del lugar. Glen Etive es la tierra de los ciervos. Animales que habitan en un paisaje indomable, que conocen la furia de las tormentas y la gélida aridez de los glaciares. Saben que en ninguna de esas dos formas el agua puede saciar su sed, porque ninguna discurre en el curso que, vivo en torrentes o rápidos, lleve encauzado su fluir. Pero ni glaciares ni tormentas aniquilan al ciervo o a los páramos donde crece la hierba mejor que es su alimento.

Los ciervos de Glen Etive se aproximan y se avienen, se amoldan sin ningún temor a los seres humanos que visitan el valle. Se han acostumbrado —hermosa y peligrosamente— a comer de la mano de los viajeros que llegan hasta allí. Retratar a los ciervos de las Tierras Altas es un recuerdo que se obtiene sin dificultad alguna. En contraste, aparece la historia de una fotografía que he rescatado de uno de los cajones de mi escritorio. La tengo ante mí, en el atril donde apoyo los libros, y mientras escribo estas palabras la contemplo. La imagen capta el momento en el que el animal se ha acercado a uno de los abrevaderos del ganado, para beber. Mi amiga I. me la envió hace un par de veranos. Paseaba por su pueblo... ¡y lo vio! Desde lo alto del puente la panorámica de la cañada es magnífica y, a esas horas de la tarde, la luz del ocaso de un día de agosto, ya sin los deslumbramientos del sol, le permitió capturar una instantánea muy poco habitual: la de un ciervo junto a uno de los pilones de agua. Es un ejemplar joven que, a unos cien metros de distancia, mira hacia el objetivo. Ha bajado de los montes alcarreños apremiado por el calor asfixiante que asola hasta el último rincón de España, como siempre en los últimos diez años. Al día siguiente de recibir esa imagen, I. me contó que el ciervo era, en realidad, una hembra, y que no estaba sola, la seguía su cría. Tras desaparecer en la espesura, volvió, al poco rato, acompañada por el pequeño cervatillo. Cuando los dos se saciaron de agua fresca, se adentraron de nuevo en el bosque y no volvieron.

Mientras miro la foto de la cierva que ha sido sorprendida en medio de la vaguada solitaria, escucho *My Heart's in the Highlands*, del maestro Arvo Pärt. El cantor anhela regresar al lugar donde su corazón está anclado para siempre. Allí fue feliz, en los bosques de las montañas donde la Naturaleza se muestra en todo su ser y donde él, al parecer, fue oteador o, quizás, cazador de animales salvajes, de corzos y de gamos, y de los ciervos rojos. El poema es un lamento escocés al que Burns le dio la palabra y al que Arvo Pärt le dio la canción de adiós perpetuo. Porque el cantor lleva consigo el recuerdo vivísimo de los lugares que amó y siempre amará. Nada podrá borrar lo que es ya irremediablemente pasado, pero que en su corazón es presencia eterna; nada podrá arrebatarle (¿liberarle?) de la sombra que lleva consigo y cuya luz permanece allí arriba, en los bosques y torrentes, en los valles de las Tierras Altas. Nostalgia que es memoria sin movimiento de avance o retroceso: nostalgia inmóvil. ¿Realmente es así esa quietud, esa pena varada? Aunque sonara sólo esa nota repetida *ad infinitum*, el estatismo se hace música en esa monocorde melodía. Y toda música es siempre movimiento. Sobre esa nota única en la que las palabras de los versos se desgranan, sílaba a sílaba, siempre con el mismo sonido, sobre esa única nota o con ella como epicentro, van creándose campos de ondas de luz sonora que a pesar de su aparente invariabilidad, están permanentemente ascendiendo, apoyadas por la música del órgano.

El cantor-cazador ha descendido de las montañas a las que nunca regresará, pero su lírica, más allá del dolor, es llamada que avanza prendida a la Belleza, unida a lo más Amado, fundida con la Creación. Las Tierras Altas de las que habla el poeta Robert Burns son imagen y semejanza del Paraíso, allí donde el ciervo de los salmos davídicos busca saciar su sed. Y Pärt ha abierto caminos de ida y vuelta, de conexión continua, entre la tierra y el cielo, al crear el sonido de esa religación.

Un año antes del estreno de *My Heart's in the Highlands*, Arvo Pärt dio a conocer otra partitura: *Como anhela la cierva*, posteriormente retitulada *Como cierva sedienta*. Es el Salmo 42, el salmo bíblico del rey David, un himno alegoría del devenir del alma humana por el camino de la vida.

Como anhela la cierva las corrientes de las aguas, así te anhela mi alma, ¡oh, Dios! Mi alma está sedienta de Dios, del Dios vivo: ¿Cuándo iré y veré la faz de Dios? [...] *Un remolino llama a otro remolino, con rumor de tus cascadas, todas tus ondas y tus olas pasan sobre mí. Manda Tu luz y verdad, ellas me guiarán y me llevarán a Tu monte santo.*

Una vinculación ineludible se me muestra entre ambas partituras. En los dos cantos el ser está fracturado, aunque no destruido; en las dos alegorías el ciervo es el alma humana. En la primera es o, mejor dicho, ha sido feliz en su absoluta libertad; en la otra deja ver su sufrimiento al sentirse separada para siempre de su máxima dicha. El corazón muestra su vulnerabilidad, su pérdida, su drama en la experiencia de ese destierro de soledad. A la vez sabe que ha de continuar su búsqueda, su lucha por encontrar el agua que lo colmará, ya que acabará estando frente a frente ante la presencia de Dios. Es extremadamente hermoso comprobar que el maestro Pärt hace en su música lo que el salmista realiza con sus versos: el contrabalanceo de sentencias, como se llama en poesía hebraica al ritmo interno de las ideas, de las palabras expresadas. Es el paralelismo de miembros, la ley primera y esencial de los poemas de la Biblia, y que puede presentar tres formas: paralelismo sinónimo, paralelismo antitético y paralelismo sintético. Este último es el utilizado en *Como anhela la cierva*, el Salmo 42. En él, las sentencias o estrofas van desenvolviéndose, sumándose, presentándose de manera parcial y expresándose, poco a poco, de forma cada vez más completa, en las estrofas siguientes, por medio de comparaciones o nuevas ideas que ilustran la idea primera.

La repetición del estribillo y la concatenación de las estrofas sirven, entre otros elementos métricos, para generar en el escuchante (como en el lector de ese libro sapiencial), un fuerte anclaje, un persistente sentido de vinculación, de correspondencia, un acompasar que es un acompañar, libérrima, voluntariamente a la cierva y su anhelo, nuestro propio reflejo.

Retomo el hilo de oro que liga *Mi corazón está en las Tierras Altas* con la figura de Petrarca. Sigo ese cabo y encuentro algo que, lo reconozco, intuía que podía ser posible pero de lo que necesitaba una prueba fehaciente que mi memoria (tras muchos años transcurridos desde que lo leí) no conseguía recordar: la metáfora del ciervo en el *Cancionero*. Ahí estaba, ahí perdura para siempre, el ciervo en los sonetos y fragmentos de Petrarca. El ciervo como sinónimo del amor terrenal y del divino, el ciervo como símbolo de la máxima pureza e inocencia, el ciervo como el transcurrir velocísimo, fugaz de la vida. El ciervo como el alma o el espíritu de su única amada: Laura de Noves.

Por ella, por la noble provenzal y dedicado a su amor escribió el humanista su obra magna, su *Cancionero*, los *Rerum vulgarium fragmenta*. En sus páginas también aborda otros dos amores, el dirigido a Dios, y el amor a la fama. Laura *está* o *es* en todos estos afectos. Laura es llamada asimismo *l'aura*, el espíritu, la brisa, y *aurea*, «dorada». Laura son los páramos mansos... Y el fuego helador. Ello, en vida. Tras su muerte, Laura será su *consolatio*, el descanso, al fin, de la locura amorosa de Petrarca, su *aegritudo amoris*: su enfermedad de amor habrá sanado. Laura habita ya en las Tierras Altas para siempre. Es ciervo que ya ha saciado su sed definitivamente, porque vive en la Luz.

En la capilla dedicada a Santa Clara de Asís, en Aviñón, donde el 6 de abril de 1327, un Viernes Santo, Francesco Petrarca vio por primera y única vez a Laura de Noves, a la cual amaría el resto de sus días, sonó, se estrenó, siglos después, *Mi corazón está en las Tierras Altas*, de Arvo Pärt. No puede ser un fruto del azar que el tejido que va urdiendo la historia de la Vida abriera por dos veces ese espacio a la Belleza y hermanase las almas de dos de sus mayores recreadores. La Vida ubica siempre a la Belleza en los lugares que mejor pueden prestarse a su realización o a su memoria. Acaba siempre haciéndolo. Y así repara. Sana.

FRA ANGELICO Y LA LUZ DETENIDA

No hay luz; ni el más ínfimo destello que se filtre por alguna rendija del ventanuco o de la puerta. La celda es un espacio negro a esas horas de la noche. Ni siquiera se ve las manos, aunque las acerque al máximo a su rostro. Nada puede alcanzar a ver, ni su propio cuerpo, ni muebles, ni paredes... Nada. No hay luz, sólo un espacio de negrura absoluta, en el que el camastro sobre el que está tendido se mantiene. Acaba de despertarse y la primera sensación es la de estar aherrojado en la nada, sujeto en un vacío que, de algún modo, lo está sosteniendo, los contiene o retiene a su jergón y a él. No hay luz. Tampoco grilletes o cadenas, ni, al contrario, un ulular del viento o de aves nocturnas, que indique que se halla en medio de los bosques adonde, de algún modo extraño y por alguna razón desconocida, alguien lo hubiera trasladado dormido a la intemperie, en medio de Natura. No ha sucedido nada, mientras dormía y soñaba. Porque ha soñado, sí, y cosas extraordinarias, como tantas otras madrugadas, pero ahora ya está despierto. Muy pronto recupera el sentido de la orientación, del tiempo y del lugar donde está: es su casa, el convento de Santo Domingo, en Fiesole. De un brinco Fra Giovanni se pone en pie y, a tientas, da enseguida con el alba y la esclavina. Se viste y calza ágilmente, aunque sin premura. Después, reza a la Madre, besa el escapulario y sale de la celda para dirigirse al huerto.

El camino se lo sabe de memoria, pues son ya cinco años los que hace que entró en el convento de Fiesole y desde entonces vive allí. Fra Giovanni atraviesa muy rápido el corredor del claustro. Va dejando atrás puertas, que abre y cierra con suavidad, para no despertar a los hermanos. Finalmente, llega hasta el portón de acceso al huerto, cuyos cerrojos han cedido sin gran dificultad. Sólo bajar uno, dos, tres, cuatro escalones —el último está casi hundido en tierra—, y... ahí está el hortal en el que también él, torpemente, ha laborado un poco. El tomillo, el orégano y la salvia que, con paciencia infinita, le ayudó a sembrar la pasada estación el hermano jardinero, han crecido, a pesar de su evidente falta de destreza para este tipo de oficio. A oleadas le viene la fragancia de estas tres aromáticas. Pero no son ellas el objeto de su vigilia al relente. No está a ras de suelo, ni a la altura de los arbustos y matojos lo que él ha salido a buscar, sino allá arriba, en los cielos, en esa inmensa bóveda que desde niño le fascina y que con el paso del tiempo ha ido aprendiendo a mirar mejor. Alguien le dijo una vez que no existen en el mundo cielos más grandiosos y claros que los de aquella tierra. Poco importaba que aquel lugareño, un pastor que ignoraba las letras y los números, pero excelente contador de fábulas, no hubiera salido nunca de su pueblo natal. Poco importaba la aparente ignorancia de aquel viejo, sabio en tantas cosas, porque él había sido quien alentó a Fra Giovanni su amor por las estrellas.

Ahora está tumbado, en medio de la huerta. Rodeado de sombras nocturnas, de las formas oscuras de los pequeños árboles frutales y del pozo, casi una criatura arbórea, vegetal, él mismo. Sabe que esa es la posición que ha de mantener para abarcar con su mirada la máxima panorámica de los astros. Son millones, miles de millones. Imposible y absurdo intentar calcular el sinfín de las luces que brillan en el Cosmos. Perseidas, Aurígidas, Dracónidas, Oriónidas, Táuridas, Andromédidas, Leónidas, Genícidas, Gemínidas, Úrsidas, Cuadrántidas, Líridas, Púpidas, Acuáridas, Ariétidas, Capricórnidas... Así serán llamadas, según la constelación o estrella brillante más próxima de la que parezcan proceder esos meteoros. Fra Giovanni no sabe sus nombres, para él son las *piogge di luci*, unas lluvias de luz que unas veces son tan finas y pequeñas como las delicadas piedras del arco de una diadema y otras, mayores, estallan en relámpagos fugaces. Lluvia de luces blancas, púrpuras o azuladas, rojas, verdes o doradas, en un cielo ultramar. «Del negro de nuestro cuarto a la noche estrellada hay que recorrer la oscuridad y traspasar las sombras, así en la vida», se dice el dominico. Del negro de su cuarto a la noche estrellada... Ahora, mientras toca la tierra y arranca un pedacito de terrón que desgrana despacio entre sus dedos, Fra Giovanni sólo quiere llevarse en su mirada cada atisbo de luz, toda la grandiosidad de la Belleza de la bóveda del cielo. Guardarlo todo en su mirada, para pintarlo en su tabla de chopo. Ya la está preparando. De ella resplandecerá parte de la luz de la noche, de todas las que ha pasado al raso orando.

Porque al mirar las estrellas también oraba. Sin palabras dichas o pensadas, sólo con el silencio de su ser. El dominico miraba con contemplación —es decir, con atención máxima y detenida, entregado en cuerpo y en espíritu—, toda la realidad. Su mirar era oración, unión con lo sagrado, y ausencia de todo lo que no fuera esa entrega continua al Hacedor. Así en su vivir, así en su pintar. Y hasta en su respiración podía intuirse un movimiento contemplativo de su ser hacia el Ser. Quien oraba con los ojos lo hacía con el aliento, lo hacía con o a través de las imágenes de sus tablas pintadas. «Quien hace cosas de Cristo debe vivir en Cristo», se dice que afirmaba Fra Angelico...

Fra Angelico —así se le llamó a Fra Giovanni varios años después de su muerte, debido a su profundísima espiritualidad— contemplaba de una triple manera: admirando la Belleza de la Creación de Dios; contemplando también la creada luego por él mismo, no por vanidad sino, muy al contrario, porque era reflejo del Esplendor, o espejo de la Belleza inspirada; y contemplándose, orando, mientras pintaba.

He mirado al que miraba, he *contemplado* algunas de sus obras (*La Anunciación* del Museo del Prado, por encima de todas) muchas veces. Durante el tiempo que le he dedicado a ese retablo de oro y temple, siempre lo he asociado con la música de Arvo Pärt, con sus composiciones tintinnabulares o tintineantes, desde que las descubrí. Encuentro una conexión extraordinaria entre el arte de Fra Angelico, sus contemplaciones pictóricas, y las contemplaciones sonoras del músico estonio. Arvo Pärt ha definido su música como «luz blanca que contiene todos los colores, sólo divisibles a través de un prisma; y este prisma podría ser el espíritu del que escucha».

Fra Angelico no pintaba el color sino la luz, porque, aunque se servía de ambos (¡y de qué extraordinaria forma, sobre todo en sus azules ultramar y en sus dorados!) no buscaba la belleza de los pigmentos. Fra Giovanni pintaba la luz abriéndole camino al alma hacia la eternidad, abriéndole paso, en sus tablas, para que el alma recuerde y sienta su conexión con lo Divino. Y aunque los temples que preparaba y usaba estaban esmeradísimamente trabajados —sobrecoge su hermosura cromática—, la esencia de los cuadros del dominico se revela aún hoy en su manera de reflejar la luz.

En *La Anunciación*, el rayo que ilumina a María, cuando el arcángel Gabriel le anuncia que va a ser la Madre del Salvador, es un rayo de lo alto del cielo que atraviesa la estancia, y que ilumina la figura de la Virgen. Esa luz detenida, estática, sobre María, esa luz quieta y vivísima, es la Luz del que viene, del que va a ser gestado, o lo está siendo ya, en ese instante, en ella, en la de Nazaret. La Luz detenida de *La Anunciación* de Fra Angelico es el centro verdadero de toda la composición de esa tabla, y María es la que lo va a engendrar en cuerpo y la que lo va a dar al Mundo como prisma desplegado, como Hijo, como Cristo. Así considero que el pintor lo vio.

Es, para mí, María, en esa tabla de Fra Angelico, «luz blanca que contiene todos los colores», porque María va a concebir a la criatura de carne y Luz venida de la Luz; ese rayo de oro es la Luz divina que en ella, en María, se deposita. Sólo en la quietud de esa luz, sólo en la luz detenida que pinta el artista, puede mostrársenos esa Luz hacedora, ese Rayo fecundo y fecundado, ese Sueño-Materia que es y va a ser para siempre la Luz del Mundo.

La Anunciación pintada por el fraile de Fiesole... Y el *Magnificat* de Arvo Pärt (que reproduce las palabras que María dirige al Hijo de su vientre, mientras está visitando a su prima Isabel, encinta también ella del que sería Juan el Bautista) es también Luz detenida de manera máxima, porque, en el *Magnificat*, el músico estonio alcanza a reflejar el eterno presente. ¿Cómo es eso posible, si la música es sonido en movimiento? Son varios los recursos o elementos, pero el fundamental, al menos en mi percepción como escuchante, está en la voz de la soprano solista, porque su canto es siempre sobre la misma nota repetida; únicamente canta en ella, en un do del tercer espacio, produciendo un efecto de inmovilidad, de quietud, de atemporalidad, de presente continuo. Y presente eterno es el rayo pintado por el de Fiesole.

Fra Angelico está tumbado sobre la tierra, mirando el firmamento. Ve cómo atraviesan el cielo las estrellas fugaces, pero yo le imagino completamente absorto, en un momento dado, tan sólo en una de esas estelas, en uno de esos haces, sin ver ya nada más, o, a lo sumo, viendo un telón de fondo que no importa, porque sólo ese fogonazo dorado es lo que ocupa su atención.

Como se ha dicho, Fra Angelico no es como los otros, un pintor fundamentalmente colorista, sino un pintor luminoso. El que busca el color busca el movimiento, la embriaguez de la acción, el bullir, el ir y venir de la vida material, el vibrar de los sentidos y los objetos. El monje de Fiesole, en cambio, buscaba la quietud de lo eterno, esa luz detenida en María, ese haz que no impacta en el ángel pero que, si lo hiciera, no daría lugar a sombra alguna, porque, como aprendió de Tomás de Aquino, de los seres incorpóreos no puede proyectarse oscuridad ninguna.

Ahora Fra Angelico está a la intemperie, tumbado sobre el manto terroso de la huerta. La negrura del cielo es, en su tono, casi igual a la que instantes antes envolvía su celda; pero esta es la oscuridad de la inmensidad. No hay ojos que puedan abarcarlo, por eso tiene que ser capaz de atrapar, al menos un instante, esa luz detenida. Esas estrellas fugaces que tantas veces divisó en las madrugadas, ¿acabarían siendo, quizás, el «modelo» para las líneas doradas hechas de pan de oro, la luz anunciadora, la detenida luz en la tabla de chopo? El trabajo que realizará Fra Angelico en ello será otro infinito. Toda su maestría se volcará en la luminiscencia, surgida de la labor artesanal del esgrafiado, del trazado de líneas por medio de incisiones, aquietando la luz y haciéndola materia. Así, el que la mire, la contemplará en toda su extensión y regularidad, en su absoluto.

«Del negro de nuestro cuarto a la noche estrellada hay que recorrer la oscuridad y traspasar las sombras, así en la vida», se dice el dominico. Del negro de su cuarto a la noche estrellada y, de esta, portándolo en su memoria para recrearlo en uno de los tres altares del convento, ese rayo de luz, el más singular de los innumerables que se extasió en mirar cientos de madrugadas, y, de seguro, el más hermoso. Lo supo cincelar en pan de oro, con punzones, bruñidores y troqueles. Y con cuidado máximo, para que no se rasgara, arrugase o partiera, lo fijó a la tabla con el barniz de corla, una mezcla perfecta de resinas y esencias. Fijar el pan de oro: ser, por esos momentos, creador de la luz detenida.

Muchas veces he mirado *al que miraba*. Sólo ante *La Anunciación* he pasado largo tiempo, sin hacer otra cosa que mirar esa tabla y, dentro de la tabla, únicamente las líneas de ese haz aurífero. Hasta que sólo he percibido fulgor, un resplandor que lo habitaba todo y que dejaba en un lejanísimo plano el resto de la obra, y también de la sala donde esta se halla expuesta. La contemplación, ante esta obra de Fra Angelico, siempre me abre a tres vías: la de contemplar, admirando la Belleza; contemplar para orar; y contemplar para reparar, para recuperar mi paz y mansedumbre.

Ahora miro *La Anunciación* y escucho al mismo tiempo el *Magnificat* de Arvo Pärt. La música avanza con movimientos mínimos, con unas sonoridades que permanecen largamente sostenidas por las voces humanas, hasta que al fin se desplazan a la siguiente nota, en la que de nuevo permanecen, y así van abordando sílabas que son palabras, palabras que son versículos, versículos que son luz blanca desplegada en el escuchante. Notas larguísimas, mantenidas durante tantos compases que se ha dicho que casi puede oírse a los cantantes contar su duración. Lo ha explicado Paul Hillier, quien tantas veces ha dirigido las partituras del estonio. Pero esta quietud sonora es una dimensión, una geometría, una maestría de la dinámica del maestro Pärt, con la que, en realidad, nos abre paso a la esencia del *Magnificat*: a las alturas, del alma y de la Creación.

El *Magnificat* es el Cántico de María, el más antiguo himno mariano del Cristianismo, registrado por Lucas el evangelista. En la tradición ortodoxa oriental su equivalente es la Oda de la Theotokos. En los iconos, María lleva estrellas en el manto, a la altura de los hombros, y también en la parte de la tela que le cubre la frente. María es firmamento y es pureza. Sobre María y en ella nacen los astros que iluminan el mundo. De ella ha nacido la única verdadera Luz...

Fra Angelico está echado sobre la tierra del huerto mirando las estrellas. Sus ojos han atrapado el paso velocísimo de una perseida, una bola de fuego que ha cruzado los cielos dejando un rastro de llama que no quema. «Esa es para la Madre», se dice en un susurro. «Esa esquirla de sol que Dios ha desgranado es la que he de pintar», se promete Fra Angelico, mientras juega inconscientemente con un puñado de tierra de la huerta. «¿Cuántas sois? Tantas como nacen de la respiración perpetua del Creador. Cuántos astros habitáis allí arriba, lejanísimos, y cuántos hombres ni siquiera admiran un instante vuestra hermosura. El sol está a punto de salir y os eclipsará, pero no os desplaza ni extingue, no os destruye. Sólo que él brilla más y parece borraros. Pero lo mayor, si es lo bello, lo bueno y verdadero, nunca destruye a lo menor, que es un fragmento de él mismo, es de su especie. Ya se despliegan los tonos llameantes de las primeras horas. Pronto amanecerá. No puedo estar ya más orándote en la huerta. He de entrar, para rezar Maitines con mis hermanos. Pero aquí, bajo el cielo, y envuelto en el frío y el silencio nocturno, hago mío lo que nos ha enseñado Santo Tommaso: 'Contemplad y dad a los demás de lo contemplado'».

La sencillez se conquista en el pulirse uno a sí mismo, con paciencia, con amor, con dedicación. ¿Para qué? Para abrirnos a la Belleza y poder contemplarla. La Belleza (la Verdad) nos conquista saliendo a nuestro encuentro, entonces. Pero hay que aprender a «detener la luz», mejor dicho, a ser capaz de «verla» detenida, como Fra Angelico ve el rayo, como Arvo Pärt escucha y recrea la música que es luz blanca, ese Uno-Totalidad, que se despliega al llegar al escuchante. Llegar a imitar ese haz luminoso, lograr imitar el sonido de esa nota que se repite una y otra vez mientras con ella se desgrana el *Magnificat* del compositor. Imitar a los maestros, a sus profesores de juventud en el conservatorio, es algo que Pärt valora profundamente, algo que le gustaría hacer siempre.

Originar que, de la música, salte el sonido verdadero, fluya el auténtico pulso o latido, la respiración de la música, más allá de las capacidades humanas del intérprete. En el *Magnificat* cada nota es valiosa por sí misma y respecto las unas de las otras. Así en toda la obra sonora del estonio, luz blanca detenida, que se despliega en el prisma que es cada escuchante.

TINTINNABULUM, TINTINNABULI

Campana, campanas. La humanidad se ha servido de ellas desde hace siglos. Se usaban en los ritos mistéricos ofrecidos al dios Mitra. También las empleaban los griegos, los egipcios, los etruscos. Y en la Antigua Roma se tocaban durante las celebraciones báquicas. En el cristianismo nació la práctica medieval —se cree que en los inicios de este período histórico, es decir, desde el siglo V— de hacer sonar una campana en señal de alerta o de llamada, de inicio de una celebración o ceremonia, del paso de una procesión. El *tintinnabulum*, la campana (así la llamaron los romanos), significa siempre el comienzo de una reunión, de un suceso, de un motivo que supone y exige dejar algo atrás para pasar a un estado, lugar o actitud completamente distintos a los previos a su sonido, a su tañido. La campana marca un antes y un después, un tránsito diferenciador, un corte en el paso del tiempo referido al quehacer cotidiano, para abrirle paso a un tiempo distinto. La campana separa, al ser tañida, dos tiempos imposibles de encabalgarse, de ser vividos apoyados o entremezclados el uno con el otro: sonido y silencio a la vez, un imposible. Hay que hacer previamente un descenso extremo de aquel para adentrarse en este, en aquello que va a comenzar.

La campana es mucho más que un instrumento: señala un umbral, marca un límite.

Signum fue el nombre que le dieron los cristianos hasta el siglo VII. *Signum*, por su etimología, ya vayamos a su raíz protoindoeuropea (*sek*) o protoitálica (*sekno*), significa lo mismo: 'cortar'. Idéntico sentido hallamos en el eslavo eclesiástico antiguo (*sesti*).

En *De inventione*, su fundamental manual de oratoria, Cicerón escribirá que «un signo es algo que se ofrece a los sentidos, y significa algo que resulta directamente evidente» (*De inventione*, I, 30, 47 y ss.). Así lo enseñará el filósofo romano a los que quieran formarse como oradores. Pero también podría ser aplicable a la definición del sonido de campana, *tintinnabulum*, como signo: algo que está dirigido a los sentidos y que estos perciben con claridad, no sólo como sonido sino también como representación, señal, aviso y llamada. Al menos así es para quien atiende a su sonido y comprende el sentido que este comporta.

Campana como signo, marca, rastro, huella, seña o contraseña, indicio, sello... Todas estas y varias más, similares, son las acepciones que el *signum* tiene en su origen. A mí se me hace necesario añadir el significado de campana como «umbral». El tañer de la campana como paso primero y principal, como el acceso entre dos tiempos o estadios reveladoramente diferentes, que su sonido reiterado nos marca. Las campanas como llamadas en el límite, el quicio o el umbral que separa dos espacios: el Juego y el Silencio, *Ludus* y *Silentium*, como nombra el músico estonio los dos movimientos que conforman su *Tabula Rasa*, ejemplo máximo de su estilo tintinnabular.

Arvo Pärt señala la esencial distinción, que no división definitiva, entre el tiempo y la eternidad. Y añade que él intuye que nuestra alma está vinculada, conectada, unida, de manera muy estrecha, a ambos. El maestro ha comprendido (y así lo admite en muchas de sus conversaciones y entrevistas) que vivir en el tiempo terrenal procurando que tenga, a la vez, un nexo, un vínculo con lo eterno es, literalmente, «un desafío para todos nosotros». Ese «desafío» Pärt lo ha alcanzado con su música tintinnabular. Para llegar a ella antes hubo de traspasar un *umbral*, el que le llevó, primero, a un tiempo de silencio, un largo período de años en los que dejó de hacer música. Abandonó la creación. Ya no escribió más partituras vanguardistas. Atravesó todos los ruidos. Y el músico se adentró en el silencio.

Pärt no «hizo» el silencio. Como muy sabiamente afirma un monje cisterciense de nuestros días, el padre Carlos Gutiérrez Cuartango, «el silencio está ahí». ¿Qué es eso de hacer el silencio? ¡El silencio no se hace! ¡El silencio está ahí! Lo que es necesario es atravesar todos los ruidos. Y escuchar.

El silencio, para un pintor, para un escritor, para un compositor, para cualquiera que se disponga a engendrar algo que surja de su interior, es siempre una *tabula rasa*, una tabla o pizarra limpia, una hoja de papel en blanco o una tierra por sembrar. Esa *tabula rasa* del silencio podemos encontrarla afuera, pero la esencial, la verdaderamente determinante es la de nuestro interior, la de la mente y, por encima de ella, la del alma. Pärt emplea una imagen hermosísima para el silencio. Dice que tiene dos alas, el silencio de afuera y el silencio de dentro. Es decir: el silencio en el mundo y el silencio en uno mismo.

Hubo ese otro silencio al que le arrojó la necesidad de dejar atrás la «atmósfera insoportable de alambre de púas», que incluía la de la música modernista, el serialismo, el dodecafonismo, el sonorismo, la música aleatoria, los estilos que trabajaba como compositor bajo la dictadura de la Unión Soviética. Pärt escuchará a Bach y a Tchaikovski, para emplear, modelándolos, estilizándolos, pasajes de sus obras en las suyas propias, pero eso no será suficiente. El «ruido», fuera y dentro de él, era cada vez más ensordecedor. Y la crisis, el mayor de los ruidos que podemos padecer, estalló.

Arvo Pärt estrena *Credo* el 16 de noviembre de 1968, en Tallín, la capital de Estonia. Lo interpretaron el Coro de la Radio de Estonia, la Orquesta Sinfónica Nacional de Estonia y Mart Lille al piano. Dirigía Neeme Järvi. El público, tras escuchar la pieza, pidió que volviera a tocarse. No fue la música sino el texto en latín lo que hizo que fuera prohibida y lo que causó la condena, el castigo profesional contra Arvo Pärt. «Credo in Iesum Christum», empieza entonando el coro en esa obra, unas palabras y una partitura que significaba la afirmación de su fe sin ambages, lo que implicó para el músico que todos sus trabajos fueran silenciados y malditos por el poder. A partir de ese momento sólo podrá componer música para películas, campo en el que se desempeñó con gran éxito durante las décadas de 1960 y 1970. En alguna ocasión Pärt ha declarado que *Credo* «fue como si hubiera comprado mi libertad, pero a costa de renunciar a todo y quedarme completamente desnudo».

Verdaderamente, el maestro Pärt traspasó un «umbral» que le llevó a la soledad más absoluta que un músico puede llegar a vivir, la del silenciarse, dejar de ofrecer su arte, abandonar la creación y con ella una parte esencial, vital, de sí mismo. Porque no se trató de una decisión mental, no fue algo que pensó y ejecutó en consecuencia de lo reflexionado, sino que aquella renuncia fue el fruto de una crisis en la que cayó porque necesitaba encontrar su estilo personal, su propia forma de hacer música, que no era ya la del vanguardismo. La ruptura desembocaba, irremediablemente, en una travesía del desierto, en un atravesar la nada (el ruido) a la que le había conducido su música inicial. El tiempo que vino a continuación fue el del estudio profundísimo del canto gregoriano, la polifonía del Renacimiento, la Escuela de Nôtre Dame... Y su aproximación a la religión. Conocimiento o reconocimiento de la música antigua y abrazo a la fe supusieron el inicio del tiempo nuevo, el tiempo de su lenguaje único, la música tintinnabular: la belleza y verdad sonoras de la Trascendencia.

Algunas obras primeras precedieron a la que es enseña de este estilo. Antes de *Tabula Rasa*, Pärt compuso *Für Alina*, *Cantus in Memoriam Benjamin Britten* y *Fratres*.

Tabula Rasa es la música *tintinnabuli* llevada a su mayor expresión instrumental. Un primer movimiento, *Ludus* (juego), es la antesala que prepara el camino para *Silentium*, el centro del corazón de esta obra. Concentración radical, para el ejecutante y el escuchante; detenimiento en los sonidos que lentamente se suceden, dominio de la templanza en el instrumento, en el transcurrir de la música, en la capacidad del público o del oyente particular para afrontar la presencia, el ser de lo humilde, la desnudez de las campanas, no escuchadas en sí sino por las notas que se tocan en el piano preparado y por los dos violinistas y la orquesta de cuerda. Cada uno de los instrumentistas hace música de *tintinnabulum*.

No fue hasta el momento mismo de subir al escenario el día del estreno cuando los músicos lograron dar forma verdadera a la obra. Los ensayos habían sido sesiones en las que la pieza no se había conseguido tocar como se debía: sonaba caótica, deslavazada, incomprensible, desordenada, más ruido que música. Pero en el momento en que estuvieron ante el público y comenzó el concierto, *Tabula Rasa* se abrió paso con *Ludus*. Después, ese segundo movimiento, *Silentium*, se expandió y se hizo finalmente realidad prolongada en los espectadores: «Nunca más volví a experimentar el silencio que se apoderó de la sala después del estreno», ha contado alguna vez Nora Pärt, la esposa del compositor.

Como si aquel día los espectadores se hubieran hecho música del silencio, a través del silencio, en él. Transformados ellos también en instrumentos que continuaron la estela apagada que iban dejando los intérpretes...

Tabula rasa, una tablilla vacía. Una sala de conciertos en la que antes se ha dado la música en un despliegue calmo, inicio, desarrollo y culmen de un mundo sonoro lento, de tríadas y escalas no simples sino primordiales. Son todos ellos, todos los intérpretes, los dos violinistas y la orquesta y el «tañer de campana» que reproduce el piano, umbrales dentro de umbrales. También los que los escuchan.

Los cuerpos como sonoridad y como acallamiento. Los escuchantes son también instrumentos de música en *Tabula Rasa*. Sus cuerpos son campanas silenciosas en las que reverbera la música que acaba de sonar. Tardan en aplaudir. Eso es perfecto. Toda la sala de conciertos se ha convertido en *tabula rasa*, *tintinnabulum* y *tintinnabuli*, una gran campana que contiene campanas. Si *Ludus* ofrece apenas ráfagas de un silencio continuamente entrecortado por las notas, *Silentium* es todos los extremos de la lentitud sonora y del sonido que se apaga, hasta alcanzar el último límite de la melodía, donde ya no se escucha, tras el último armónico, más que la presencia del silencio, su respirar y el respirar acompasados de músicos y público. Es un silencio sacro, como el que antecede y sucede a la música del Ars Antiqua, la cuna de la polifonía, creada a finales de la Edad Media en Europa. Es el silencio encontrado por Arvo Pärt, para después hallar el suyo propio. Las alas del silencio de la Escuela de Nôtre Dame, del canto gregoriano y del Renacimiento le ayudaron a desprenderse de las innumerables púas del ruido y dieron paso, en el maestro, al silencio sonoro, a la música que es inhalación y exhalación: aliento.

Silentium, la música casi detenida, casi suspendida en el tiempo, de la que pueden escucharse todas sus notas engarzándose o secuenciándose unas a otras en un ritmo lentísimo, sin interferirse, sin superponerse de forma dominante, sin tumultos de acordes ni de ráfagas de escalas; la música escuchada «por dentro», como si el oyente estuviese en el interior, en las entrañas vivas de la obra, percibiéndola y recibiéndola casi también visualmente: la escucha que mira avanza. En cuanto al mirar, el pintor francés Jean Siméon Chardin decía de su arte: «Uno se sirve de los colores, pero pinta con el sentimiento». Parafraseándolo, podría afirmarse que Pärt se sirve de los sonidos, pero compone con el deseo de alcanzar el silencio.

Pärt no «hace» el silencio. El silencio está ahí. Siempre. Venimos del Silencio. Vamos hacia el Silencio. Y transitamos en Él. Basta con atravesar todos los ruidos. Y escuchar. El silencio no es, empero, absoluto y esa es su belleza. No existe el silencio total, en ninguna parte, en ningún espacio. Existe el umbral último, el límite máximo que podemos alcanzar de silencio. Cuando estamos «ahí», se oye su respirar. Una respiración que ya no es ruido, sino el sonido del hálito calmo y continuo de la Vida que está unida a la vida.

Tabula Rasa nos lleva a escucharlo.

El ritmo de la respiración de la vida es el ritmo de la melodía y el silencio en esa partitura. Adentrarse en el sonido de las «campanas» del piano, el violín, el contrabajo... es ir atravesando umbrales, puertas que nos conducen a perder el miedo al silencio, para acabar amándolo. Algo que exige saber mantenerse en la escucha sin interferir, sin buscar atajos que eliminen o aceleren la velocidad de la sucesión de los sonidos-música y, sobre todo, de los sonidos-silencio.

Saber mantener la intensidad y saber mantener los tiempos de acallamiento, esa es la clave de las campanas. Y como en la música de Arvo Pärt, también en la vida. Una clave más: no cometer el error, ni el escuchante ni el intérprete, de añadir nada a lo que el compositor ha expresado en la partitura. Dejar que los umbrales aparezcan a su debido tiempo, permitir ser guiado, mientras nos desnudamos de todo lo que no es la sencillez: una lección extrema.

Hace muchos años, mi profesora de piano me dijo una frase que jamás he olvidado: «No hay música fácil». Y las más difíciles son, precisamente, las que aparentan mayor simplicidad, sobre todo las que han de tocarse lentamente. En la lentitud son mucho más perceptibles todos los fallos, y puede diluirse, perderse por completo, el sentido de la obra. En la música del maestro Pärt todo esto es radicalmente cierto.

ENTRE ABEDULES, ACIANOS Y GOLONDRINAS

Festina lente, «apresúrate despacio», recomienda el dicho latino que el historiador romano Suetonio, en su *De vita Caesarum*, pone en boca del césar Augusto. Al parecer, el emperador lo decía con frecuencia, pero pronunciado en griego, σπεῦδε βραδέως. Para Augusto, ni la celeridad ni la temeridad eran cualidades deseables en un militar, sino actitudes que él detestaba, por imprudentes, irreflexivas y, en suma, imperfectas. En la época en la que desempeñó su mandato Cayo Julio César Augusto se acuñaron áureos cuyo emblema —un cangrejo y una mariposa— hacían clara alusión al oxímoron *festina lente*. Pero no sólo Augusto se sirvió de este adagio y de emblemas e imágenes que lo representasen. También en la Antigua Roma, Tito César Vespasiano acuñó esta sabia recomendación en monedas donde un ancla y un delfín simbolizaban, respectivamente, la lentitud y la ligereza, que marchaban acompasadas la una con la otra.

A lo largo de los siglos, la frase *festina lente* será lema de muy distintas figuras de la historia y cultura europeas. Cósimo I de Medici, Gran Duque de Toscana, hizo pintar a Giorgio Vasari, en las paredes del Palacio Viejo, las formas de una tortuga con una vela henchida sobre su caparazón y guiada por angelotes. Los grandes hombres del Renacimiento italiano, y también Shakespeare, familias nobles como la del inglés conde de Onslow, jueces, novelistas, todo aquel que haya querido resaltar la valía de esta figura retórica, comprendió en profundidad la riqueza de su puesta en práctica.

Mientras escribo suena *Festina lente*, de Arvo Pärt. Él ha convertido en música esta paradoja. Su estilo tintinnabular despliega en esta obra la hermosura de la unidad de opuestos que es «apresúrate lentamente». Una misma melodía es tocada por una orquesta de cuerda en la que cada sección de instrumentos (la de los violines, la de las violas y la de los violonchelos y contrabajos) la va interpretando a distinta velocidad que las otras. Al inicio, todos los instrumentos comienzan juntos, pero cada sección lo hace a una marcha distinta, de modo que la melodía más rápida siempre acaba encontrándose con la más lenta, que es su estela, su pasado, ¿su eco? El resultado es una música lenta y rápida al mismo tiempo, un vaivén de velocidades y de ritmos y armonías entrecruzados, que crean un tiempo alterado e infinito. «La ciudad está zumbando, pero las nubes en el cielo pasan tranquilamente sobre los campos».

Así lo ha llevado a imágenes y explicado en alguna entrevista el maestro Arvo Pärt.

Tomo ese cabo, ese extremo del hilo de oro que me hacen ver sus palabras, y me voy hasta los campos de Estonia. Tierra de abedules, flores de aciano y golondrinas, Estonia es una realización, en la Naturaleza, del sentido literal de ese *festina lente*. En realidad, cualquier paisaje de la Tierra lo es, porque Natura se origina así de continuo: germina, crece, perdura o caduca en un ritmo que es lenta rapidez... Sus ciclos diurnos y nocturnos, y los estacionales, son un continuo apresurarse en lo despacioso (los árboles, imparables en su crecimiento imperceptible a simple vista), y también un permanente demorarse en lo veloz (la apertura de las flores, la puesta del Sol o el surgir de la Luna)... *Festina lente* es sinónimo de la Naturaleza, de la Vida, del Ser del mundo.

¿Y las golondrinas? Emblema de esa nación báltica, la *Hirundo rustica* es pájaro de vuelos rasantes, al que le gusta anidar en graneros, en los porches de las casas, dentro de los garajes... En definitiva, donde habitan humanos. Las bandadas de golondrinas son un *festina lente* entre el cielo y el suelo.

Festina lente a tres alturas y tres velocidades, en mi paisaje de Estonia: de la rapidez demorada de los azulísimos acianos enraizados en tierra; de los abedules en su flamígera esbeltez vegetal, con sus ramas ondulando por la fuerza del viento o la delicadeza de la brisa; y de las bandadas de los hirundínidos planeando largamente sobre los campos abiertos, mientras se adueñan de las alturas con sus cuerpos azules.

La mirada entrevera el color y las formas de las golondrinas sobre los campos de cultivo y los va trenzando con el color y el estatismo de las flores de aciano en el suelo, entre la tierra arada donde crece el centeno. La mirada entreteje ambas estampas y es ella también rapidez que crece y decrece, un ojear que es llevado por las velocidades tan distintas, por ritmos tan diferentes —¡y a la vez tan armónicos!— de las aves, las flores y los árboles. Me paro a contemplar esa imagen mientras suena el canon que es la música *festina lente* del compositor: ese avanzar de la melodía con rapidez y lentitud a la vez, por el efecto de las distintas velocidades a las que es tocada, y que, por ello mismo, antes de que acabe de sonar, ya vuelve a escucharse iniciada de nuevo por una parte de los instrumentos. En permanente círculo, un *ritornello* de la partitura y los giros y quiebros de las golondrinas, allá en lo alto.

Festina lente es una obra totalmente instrumental, pero la mirada que escucha parece oír a un doble coro, uno repitiendo la frase completa y el otro entonando al mismo tiempo que esta, una única de las palabras que la conforman:

Esto es el sol de la mañana / *Esto*
Esto es el sol de la mañana / *es*
Esto es el sol de la mañana / *el sol*
Esto es el sol de la mañana / *de la mañana*
Esto / Esto es el sol de la mañana
es / Esto es el sol de la mañana
el sol / Esto es el sol de la mañana
de la mañana / Esto es el sol de la mañana...

Esto. Es. El sol. De la mañana. Esto es el sol de la mañana iluminando abedules, acianos y golondrinas. Su apresurarse despacio es un todo orquestado, aunque aparentemente sean reinos intransferibles, sin posibilidad alguna de establecer entre ellos transmisiones de esa índole, en forma de danza hermosamente regular en su irregularidad, de una danza que no sea la evidentísima de los ciclos visibles o la que sólo se detecta con precisos aparatos de medición científica. Pero está la geometría fractal de Benoît Mandelbrot, la disciplina con la que el matemático estudió y mostró las estructuras fragmentadas de la Naturaleza, las formas aparentemente irregulares y repetidas a diferentes escalas, de las ramas y las hojas de los árboles, de los pétalos de las flores, de las formas de las nubes, de las olas del mar, del ritmo cardíaco, del ADN, de los cristales... Todas y cada una de las formas de la Naturaleza como repetición de patrones hasta el infinito, un infinito del orden matemático que es la Belleza. Recreación perpetua y repetida de Natura, que se enriquece a sí misma con la aparición de irregularidades.

Los fractales, lejos de ser patrones que igualan y empequeñecen, son las caras visibles y audibles del infinito. Patrones fractales son las formas de los vuelos grupales de las golondrinas (a pesar de que, en apariencia, surquen el espacio de forma errática, irregular, impredecible), las hojas caducas del abedul, la azuleja corola de la centaura ciano, que por algo es llamada *pincel*. Fractales todos ellos y fractales los ritmos conjuntados de su ser y vivir a cielo abierto. Y, ¿no es claramente fractal la espiga del centeno, el cereal de entre el que emergen las llamativas flores de aciano, esas plantas herbáceas, espigadas también ellas, en sus tallos en rama? Patrones autosimilares: una forma dentro o al lado de otra forma, repetidas sucesivamente en un número indefinido, y que van haciéndose más pequeñas en tamaño, a medida que el fractal se extiende. Y no sólo sucede en las formas de la materia, en los objetos físicos, en las trayectorias de los vuelos de los emplumados, sino también en el sonido, en el ritmo. Y en la música.

Festina lente, del maestro Pärt, es, a mi modo de entender, un fractal. En realidad, toda su música tintinnabular lo es. Son fractales sonoros: la Belleza matemática de la vida de la Música.

«Apresúrate despacio» es una frase que lleva en sí una acción en gestación y donación continuas; una frase imperativa que exige actuar, sí, pero sin precipitación que entorpezca o haga vana la empresa. Ve aprisa con lentitud, para alcanzar a que se haga la Vida, la Hermosura, la Belleza. Es una de las lecciones primordiales que brinda la Naturaleza. «La ciudad está zumbando, pero las nubes en el cielo pasan tranquilamente sobre los campos», resuenan las palabras de Arvo Pärt.

En un paseo imaginario camino junto a él por un bosque de abedules. Seguimos un camino que acaba abriéndose a un campo inmenso sembrado de centeno. Las golondrinas planean velocísimas sobre nuestras cabezas y sobre las espigas y las flores de aciano, que el viento balancea. Ritmos dentro de ritmos, no sólo en paralelo a los de la ciudad, no sólo a la vez que Paide —a la que llaman el Corazón de Estonia— zumba, es decir, vive y resuena aceleradamente, sino ritmos también acompasándose unos a otros con ella, con la urbe cordial, y entre ellos entre sí en planos superpuestos: ritmo de las espigas batidas en olas por la brisa; ritmo de los hirundínidos en bandadas variables, que flotan en el aire cazando ávidamente libélulas, abejas, mariposas, avispas y toda clase de insectos voladores; y ritmo de las nubes que, altísimas y mansas, atraviesan los espacios de la luz y la atmósfera allá arriba, ahormados sus cristales de hielo y sus gotas de agua en blancos cirros y estelas que irán resplandeciendo los colores del Sol y se tornarán rosas, fucsias, naranjas, hasta arder en arrebol: el candilazo del Sol no puede ser más hermoso en los cielos de Paide. Así lo es en mi visión junto al maestro músico, junto al sabio alquimista de la luz sonora.

Y ese crepúsculo va cubriendo abedules, espigales, plumajes de las planeadoras, tierra, aire y también nuestros cuerpos con la luminiscencia ígnea del gran astro a punto de desaparecer tras el bosque de Paide. Mirar ese paisaje imaginado y entender que es luz sonora: la luz de la brisa que mece los acianos, la luz oleaje que mueve los trigales, la luz vegetal que restalla en pequeñas campanas en las copas de los abedules... Todo en ese paisaje es *festina lente*, es el apresurarse lentamente del ciclo diurno, de la estación de las golondrinas, del círculo en ascenso continuo de la Creación.

Esto es el sol del atardecer
Esto es el sol del atardecer / *Esto*

Esto es el sol del atardecer / *es*
Esto es el sol del atardecer / *el sol*
Esto es el sol del atardecer / *del atardecer*
Esto / Esto es el sol del atardecer
es / Esto es el sol del atardecer
el sol / Esto es el sol del atardecer
del atardecer / Esto es el sol del atardecer...

UN MONJE DEL MONTE ATHOS

El sol del atardecer, su luz rasante cayendo sobre el monasterio, va iluminando la montaña de azul y de morado.

Ningún crepúsculo es igual a otro, en ninguna parte del mundo, jamás. Aún menos, si cabe, en el Monte Athos. Porque, allí, el final del ocaso es cobalto, lavanda y, por último, un larguísimo velo de umbría azul rey con destellos de acero irá cubriendo todo a su paso, reverberando en lo alto de los campanarios, hasta llegar al mar, en los momentos finales del poniente.

Sumido en su propio ser, siempre en oración, en el rezo continuo, el *stárets* Siluán va subiendo los escalones del San Panteleimon lentamente, ajeno a que asciende unos peldaños que bien podría decirse que son piedras marinas o rocas de la cumbre, la tierra misma de la Montaña Sagrada y no una construcción arquitectónica. Porque la escalinata se ha tornado también espejo que refleja esos tonos zafiros, índigos, lapislázulis, y porque ya todo para el monje es eco, huella y umbral de la Divinidad. Todo cuanto toca, pisa, roza, oye, mira, todo lo que llega a sus sentidos es presencia de Dios o lleva hasta Él. Pero aun así, mientras va escalando las gradas del San Pantaleón, le llegan fogonazos de su antiguo desierto: «Mi alma anhela al Señor. Mi alma Te anhela a Ti. Mi alma anhela a Mi Señor. Mi alma Te busca y aguarda», se repetía sin cesar, hasta en sus sueños. Ahora ya vive en paz, consigo mismo y con quienes trabaja a diario en el molino.

Cuando aún era un niño de muy corta edad, de apenas unos cuatro años, Simeón Ivánovich Antónov le escuchó decir a un mercader de libros que Dios no existía. Fue tal la impresión que aquellas palabras causaron al pequeño que no sólo no las olvidó sino que le hicieron convertirse en un incesante buscador, primero, desde la simiente de la duda y la zozobra que le sembró aquel hombre, y después, ya en plena juventud, abriéndose a la posible verdad de una mujer que, tras una peregrinación a la tumba de un santo, aseguraba haber presenciado milagros. Si aquello era posible es porque Dios habita entre la humanidad y, por tanto, ya no le iba a ser necesaria la travesía alrededor del mundo que Simeón se había propuesto emprender. No le hizo falta más, para convertirse, que su propia y cabal inteligencia. Entre el buhonero y la peregrina, Simeón había recorrido un largo periplo de incertidumbre, sin que por ello se apagara el fuego de su hambre. Pero no fueron ni el peso del recuerdo del librero nihilista ni el testimonio de la sencilla devota los que le hicieron abrazar la fe y querer ser monje, sino esa inspiración que le iluminó entero por dentro: si suceden en la vida cosas portentosas es porque Dios está entre nosotros y ese descubrimiento, cuando uno es capaz de experimentarlo y aceptarlo, es todo lo que hace falta para creer. Así fue para quien, tras cumplir con el obligado servicio al ejército, ingresó como monje en el Monasterio de San Panteleimon.

Simeón dejó atrás, entonces, su vida civil y, con ella, el nombre que le habían dado sus padres para recibir el nuevo: Silvano (Silouan), en recuerdo y honor del griego que, según la tradición, había sido compañero del apóstol San Pablo. Silvano, es decir, el que es del bosque o habita en los bosques.

Hacía ya muchos años que había llegado, desde Chovsk, una localidad de la Rusia imperial, hasta el Monte Santo, el Agion Oros, de la península Calcídica. Tres lustros habían transcurrido desde que sus pies pisaran por vez primera el lugar de sus anhelos de Dios. Durante todo ese tiempo su lucha ascética por librarse de lo inservible o dañino para su alma, de todo aquello que le impedía la paz absoluta para entregarse únicamente al Señor, había sido una batalla persistente y engañadora. Más de una vez parecía haber vencido, pero era sólo una tregua que las pasiones le concedían para regresar, en cada siguiente ocasión, aún más avivadas y destructoras. Noches de vigilia en absoluta soledad se sucedieron en una de las cabañas-desierto que los hesicastas —los ascetas y eremitas cristianos orientales—, habitan en el Athos. Allí, en uno de esos cubículos, depuró y sanó Silouan su ser hasta dejarlo conformado sólo para el Amor, por el Amor. Silvano se dejó purgar, acrisolar, despojar de llamas y brumas; se entregó a una catarsis que lo liberó de su orgullo definitivamente una madrugada en la que, orando a gritos ante el icono, escuchó que Cristo le decía: «Mantén tu espíritu en el infierno, y no desesperes». Silouan comprendió que esas palabras serían su escudo y su arma, pero aún hubo de vivir quince años de continuo perfeccionamiento y apaciguamiento del corazón.

Silouan había sido masa de pan en manos de lo Divino, y cuando estuvo listo, él mismo recibió la tarea de ponerse al frente del almacén que suministraba el pan y los demás alimentos a los monjes de su monasterio. Doscientas almas le fueron confiadas para que, como ecónomo, preparase y administrara diariamente el sustento de los consagrados. Un pan entre panes, un fraterno entre fraternos, por quienes Silouan velaba material y espiritualmente, porque no sólo se encargará de organizar los trabajos de cada uno de sus hermanos, sino que les socorrerá y atenderá en sus preocupaciones, luchas y penas.

Una vereda angosta conduce al horno donde se cuece el pan para los monjes del Monte Athos. Es una construcción de piedra blanca e interior de ladrillo, cerrada por una puerta de hierro que mide unos diez metros de largo y dos metros de altura, un espacio de fuego de brasas alimentado con leña de los robles y olivos silvestres de los bosques circundantes. Silouan recorría a pie el sendero que lo llevaba hasta allí cada jornada y, tanto en su camino de ida como en el de vuelta —itinerario que realizaba varias veces, pues debía también acudir al monasterio en las horas de la Liturgia y el rezo comunitario—, iba diciendo la oración continua, la oración del Señor: «Jesús, Hijo de David, ten misericordia de mí, que soy un pecador». Con ella en el corazón (la oración del corazón la llaman los católicos), pronunciándola en un murmullo, en voz alta o en silencio, Silouan realizaba esa peregrinación diaria que comenzaba yendo del monasterio hasta el molino en plena noche, y terminaba con el sol de poniente, sin apenas tiempo de sacudirse los restos de harina de las manos y del hábito antes de adentrarse en el recinto sagrado del Panteleimon, a esperar un nuevo día.

Sobre una de las oraciones creadas por el propio monje, Arvo Pärt compuso en 1991 su partitura titulada *La canción de Silouan*:

> *Mi alma anhela al Señor y lo busco entre lágrimas. ¿Cómo podría hacer otra cosa que buscarte? Porque Tú buscaste primero, y me encontraste y me diste el deleitarme en tu Santo Espíritu, y mi alma comenzó a amarte. Tú ves, Señor, mi dolor y mis lágrimas. Si no me hubieses atraído con Tu amor, yo no podría buscarte como te busco ahora. Pero Tu Espíritu me dio a conocerte, y mi alma se regocija porque eres Dios mío y Señor mío, y te anhelo hasta las lágrimas.*

La música de Pärt para este texto es exclusivamente instrumental, sin la voz de un coro o unos solistas que lo canten. Algo que el maestro Pärt ha afrontado en infinidad de ocasiones en sus composiciones, alejándose de la tradición musical religiosa anterior, que era más vocal. Así ha de ser, creo yo, en este caso para que la máxima esencia del espíritu y el ser del athonita cobren dimensión de luz sonora. En medio de esa música y a lo largo de su escucha, la oración interior se despliega en su mayor limpidez. ¿Con qué voz se habla a Dios? ¿Y cuál es el sonido de la Suya? Son el Silencio y la Brisa los atributos que mejor nos aproximan desde nuestra orilla a la de la Divinidad: el Silencio, la Brisa... y quizá la Música. Arvo Pärt, sin embargo, ha explicado en más de una ocasión que no quiere que sus obras sean tratadas como algo sagrado, como si se tuviera en las manos un objeto valioso pero inerte, fijado ya. Su música es movimiento y ha de interpretarse y escucharse así, un movimiento que fluye de continuo. Tiene el maestro estonio toda la razón y la sabiduría al concebirlo y proponerlo. Lo sagrado no se da en el hieratismo, porque está vivo, porque es Vida y es Amor, la antítesis de cualquier parálisis. Lo mismo sirve para la oración del creyente que apela a Dios. Por eso, el discurrir de *La canción de Silouan* es un espacio sonoro que no precisa de palabras, porque todas han sido dichas ya, todas se saben, y Silouan llega a la plenitud del hesicasta, aquel anacoreta cuyo rezo es ya nada más que silencio, paz, quietud, en unión con lo Divino, con la sonora Luz del Creador.

Hay silencio dentro de *La canción de Silouan*. En ese silencio, que a veces se abre, puede recordarse la oración *Mi alma anhela al Señor*, con la que subtitula Arvo Pärt esta pieza. O se puede orar sólo y únicamente con la música, en ella, desde ella, dejándose ser atendiéndola: transformarse en escucha que mira y que ora, oyendo el silencio entre esa canción sin palabras.

Escucho *Silouan's Song* en la versión que la Orquesta Sinfónica Nacional de Estonia grabó bajo la dirección de Paavo Järvi para el sello Erato en 2002. La escucho y cada vez comprendo un poco más que en ella está aquel hijo de mujiks, empecinado desde niño en encontrar al Dios que un desconocido vendedor ambulante de libros había querido borrar de su esperanza. Suena la orquesta, sus secciones de cuerda, abriendo paisajes en paralelo con todos los hombres que fue Simeón, después rebautizado como Silvano o Silouan. El campesino hijo de labriegos, el joven pendenciero y juerguista que no dejaba de añorar al único verdadero amigo que aún no había salido a su encuentro (pues así es como el Señor se nos revela: buscándonos en el momento preciso, cuando el fruto humano está a punto ya de caer de la rama, no antes ni después). Y veo a ese Simeón-Silouan aún extremadamente impulsivo, rudo, un poco bebedor y de amoríos vanos, que se pelea consigo mismo y con su sombra porque no consigue alcanzar su sueño, el sueño de librarse de todos los Simeón que son sólo criaturas efímeras de una estación, de un camino que acaba siempre en muro, pasajeros perdidos que siempre se demoran en los lugares y en las veleidades del egoísmo y la violencia. Todos son trajes viejos, escenarios vacíos, ante ese que ya no es individuo sino persona. Silvano del Monte Athos diferenciaba bien entre uno y otra. El individuo vive desligado de los demás; el centro sobre el que orbita es él mismo y los otros son medios u obstáculos, según le ayuden o le sirvan para lograr o no sus deseos. La persona, en cambio, es el ser en comunión. Se sabe y se experimenta unida a los demás, es generosa y dadora de bien y ama y agradece a Dios porque reconoce que es quien la ha creado.

El monje Silvano sabía que para llegar a ser verdadera persona precisaba realizar la imagen de Dios en él, alcanzar esa unión por medio del amor. Todo lo demás con lo que un ser humano se identifica no son más que ropajes, costumbres, creencias, pertenencias culturales, políticas, de religión, patrones que aprendemos o adoptamos y con los que cree uno que se define, cuando tan sólo son fractales, repeticiones de un personaje que tapa la verdadera esencia. De todos ellos fue desembarazándose Silvano, hasta llegar a ser un reflejo de Dios conformado por el Espíritu.

Arvo Pärt halló también la traza y el camino que muestra ese hilo de oro. Lo encontró en su propia experiencia del silencio tras haber atravesado los ruidos de su vida. Su *Canción de Silouan* es la imagen sonora de esa ansia de Luz. La obra se la dedicó el maestro estonio al archimandrita Sofronio, el discípulo fidelísimo de Silvano, a quien Pärt pudo conocer personalmente. Es gracias a que Sofronio recopiló e hizo imprimir y publicar los pensamientos del mujik santo que hoy tenemos conocimiento de su legado.

Saber mantenerse en el silencio, la soledad y la quietud para que se abra la puerta que lleva a la paz interior y, tras ella, a la unión con el Padre. Esa era y es la práctica de los hesicastas, los ascetas que se dan entre los monjes cristianos orientales, cuya enseñanza fue recibida y aprendida de los Padres del Desierto, los ermitaños del siglo IV. El monje Silvano practicó un largo tiempo de hesiquía hasta dejar que el niño Simeón lo alcanzara. Y Silouan dio la mano al pequeño buscador de Dios.

En el molino del Monte Athos, Simeón Silouan enseña a amasar la harina de los tres tipos de panes que toman los consagrados: el de trigo blanco, para los más ancianos; el de centeno negro, para los más jóvenes; y el pan que llevan a los hesicastas y que él mismo recibió tantas veces a través de una estrecha rendija de una de las celdillas-desierto próxima al acantilado, desde la que podía escuchar el graznido de las bandadas de gaviotas.

Dame Tu pan, Señor, y toma el mío. Dame Tu Luz y toma mi oscuridad, mi Dios. Da Tu aliento a esta masa para que prenda en ella Tu Amor y así lo recibamos. Que Tus manos elijan la mejor levadura y así fermente tierna la hogaza repartida entre Tus hijos más viejos y queridos. Pon Tú, Señor, la sal justa que mejor enriquezca el sabor de esta ofrenda, que nos vendrá devuelta por tu infinito Amor. Ya no te anhelo ni te lloro, Señor, porque al fin he comprendido que no es apartándose uno del mundo como puede encontrarte, sino entre mis hermanos y en el pan nuestro, que eres Tú.

UNA PIEL PROPIA

Llegar a reconocernos verdaderamente, sentir que esa voz que estuvo ahí y que creció al mismo tiempo que nosotros ya no suena lejana, amortiguada o interferida por los ruidos, sino que es acogida, la albergamos al fin y somos albergados por ella como nuestra auténtica voz, esa es la aspiración. El creador tiene en ello una doble tarea o una tarea máxima, pues a la voz propia —a la que ha de dejar paso llegado a este punto del camino— se suma la voz de su obra, que le llama. Y a la voz hay que darle una piel. El alma precisa un cuerpo. Encontrar para sí una piel —construyéndose como persona, en el estricto sentido en que lo exponía y vivió María Zambrano— y, al mismo tiempo, escuchar el sonido de esa voz que desde siempre fue la suya. Esto es algo que no sólo ocurre en el artista: voz y piel propias son nuestro ser construido, la persona que hemos de cincelar cada uno de nosotros.

El monje Silvano del Monte Athos halló su propia piel y su voz verdadera cuando dejó atrás a todos los Simeón que en realidad él no era o que eran él sólo en parte y que ya no deseaba ser más. El maestro Arvo Pärt liberó su voz y su piel tras dejar atrás la alambrada de púas de la música modernista y la presión ideológica y censora del régimen político al que estaba sometido su país. Atravesó un largo espacio y tiempo de silencio, como se ha dicho, se adentró en el corazón de la antigua música del canto gregoriano de los monjes cristianos católicos, en las composiciones de la Escuela de Nôtre-Dame, en el arte sonoro renacentista...

Dudaba de su capacidad para volver a crear obras. Vivió una encarnizada lucha interna más que una ruptura. Pärt no experimentó esa crisis como el alejamiento de su pasado sino como una batalla, un combate entre él y su angustia. Pero vayamos mucho más atrás, entonces, la música primera que había escrito no era la experimental sino unas piezas en las que ya estaba presente, de algún modo, aunque fuera muy larvado, el espíritu de su estilo tintinnabular. Escucho ahora su *Partita para piano*, opus 2, de 1958.

Fue un largo camino, como el de Edmond Jabès, el poeta en cuyos versos se inspiró Pärt para componer *Mein Weg hat Gipfel und Wellentäler* (*Mi camino tuvo cimas y depresiones*), partitura que escribió en el año 1989 para órgano y que, en 1995, arreglaría para orquesta de cuerda y percusión con el título simplificado de *Mein Weg* (*Mi camino*). En ninguna de las dos obras interviene un coro o solistas que canten el texto ya que Pärt utilizó el primer verso únicamente como título y lema de la pieza.

El camino de la vida es cambiante, mutable, con hermosuras y sufrimientos, con abismos y cimas. Esa es la idea que expresa el escritor francés, dejando claro al final que habla de su camino y también del camino de todo ser humano: «Mi camino y el tuyo», termina el poema lapidariamente. Pero este no tiene un carácter trágico, sino de aceptación. Y la música que el maestro Pärt le ha dado tampoco es doliente, sino de una luminosa madurez, una vez que la escuchamos conociendo la procedencia y la semilla de la que ha germinado y desde la que se proyecta su luz sonora.

En una primera audición puede parecernos que se trata de dos obras distintas, porque el músico estonio ha abierto dos campos sonoros de muy desemejante velocidad y tímbrica. La versión para órgano de *Mi camino* es mucho más lenta que la versión orquestal, pero en ambos casos se percibe claramente la forma de canon, la imitación de la melodía tocada a tres velocidades diferentes, dando lugar al efecto de encuentro, de reflejo, de ensamblaje de unos pasajes con otros, de unas frases musicales que ascienden mientras otras descienden y, a la vez, se entretejen, se entrecruzan en un momento dado. Es el modo en que Pärt da cuerpo sonoro a *Mi camino* y al sentido de la volatilidad, lo mudable e inconstante que es la vida, como afirma Jabès.

Escucho *Mein Weg* e imagino un caballo que galopa, atravesando sin interrupción paisajes muy dispares. El jinete cabalga día y noche desde las tierras de Egipto, la ciudad de El Cairo, donde nació Edmond Jabès, poeta de origen judío, hasta llegar a Francia, a París, su refugio tras la expulsión de su lugar de origen.

La experiencia del exilio llevará a Jabès a vivir la escritura como un comentario permanente de la Torá, el libro que se les reveló a los hebreos en el desierto. El desierto geográfico, que conoció y transitó Edmond Jabès es el mismo que el de sus antepasados. En él está contenida la Luz Divina y, sobre todo, la estela que cada cual ha de seguir y ha de buscar infatigablemente en esta tierra. En *El libro de las preguntas* dirá Jabès: «Ningún rostro está en el rostro, ningún lugar en el lugar. El reino es el estrecho paso entre lo que fue entrevisto y lo que ya no vemos».

Ese apenas divisar o descubrir el reino, esa llama apenas adivinada o vista desde los valles y las cumbres, en las subidas y bajadas del poema *Mi camino* son las melodías en zigzag, las repeticiones que entran y salen, en la música homónima de Arvo Pärt.

Afirmaba Edmond Jabès que los libros son cuadernos de bitácora. Así, yo diría que el escritor es un guardián que atesora, por medio de la palabra, los acontecimientos vividos durante su travesía, como un marino. Qué hermosa palabra, bitácora. Su procedencia más cercana es la francesa *bitacle*, «casa pequeña»; esta, a su vez, viene del latín *habitaculum*, y su raíz más antigua es indoeuropea: *ghabh*, con su doble significación, dar y recibir. *Bitacle* era el pequeño armario que llevaban en cubierta los barcos en la Edad Media y en el que se guardaban la brújula, el cuaderno con los datos de navegación y otros instrumentos y objetos fundamentales marineros. Pero se habla de cuadernos de bitácora no sólo para los diarios de a bordo de un barco. La literatura los ha hecho extensibles a los registros que recogen las experiencias vitales y creadoras de un autor. Jabès así lo vivió. Y ahondó profundamente en ello al considerar que el libro era la búsqueda de la amistad del otro, un hilo de oro tendido hacia el lector desconocido que se transformaba en un doble del escritor.

Quien lee (y quien escucha) no sólo *recibe* el poema, la música, sino que se convierte en recreador. Es una visión pareja a la de Pärt, cuando concibe a sus oyentes como prismas en los que la luz sonora, esa luz blanca originaria que son sus partituras, se despliega en colores en cada escuchante, según la sensibilidad de cada cual. La música, una ofrenda de dos direcciones, como el libro.

Mientras redacto estas páginas escucho *Mein Weg* en la versión de la Orquesta de Cámara de Tallín dirigida por Tõnu Kaljuste. Kaljuste es un maestro de los grandes, uno de los mejores conductores actuales de coros y orquestas. En lo que se refiere a las obras de Arvo Pärt, quizás uno de los pocos que verdaderamente son capaces de adentrarse y adentrarnos, literalmente, en su música. Kaljuste lo logra de los intérpretes que ejecutan la partitura. También consigue hacérselo vivir desde esa perspectiva al oyente: a la música que hace sonar Tonu Kaljuste se la percibe surgir, desarrollarse y desaparecer desde su mismo espacio interior, desde el propio espacio-tiempo que la música ocupa y nosotros recorremos.

Así pues, con *Mein Weg* me hallo en el corazón sonoro de esa pieza absoluta, única, bellísima, y, sin esfuerzo alguno por mi parte, la habito desde el comienzo hasta que se extinguen sus últimas notas. Comprendo que no es sólo el mío sino dos caminos más los que se abren: el del jinete que galopa en su caballo cruzando las fronteras arenosas, tras las que alcanzará la otra orilla, la del Norte, la Ciudad de la Luz; y el del sendero que conduce a un jardín en medio del cual alguien en cuclillas sobre un montón de tierra removida está cuidando flores.

La música es viento y suelo, es forma sonora que va reconformando, a su paso, la materia, los lugares y paisajes y a quienes se encuentra en ellos. *Mein Weg* es una partitura creada y creadora. A medida que sus notas se despliegan, va germinando experiencias de movimiento y quietud, recuerdos y premoniciones, anhelos y liberación. Los pensamientos que impulsan al centauro a cabalgar para dejar atrás lo clausurado y cumplido —una batalla, una conquista, una rendición, de amor o de guerra— son una fuerza movida por algo o alguien mucho más poderoso: la Luz que le ha hecho experimentar que no es en ningún lugar ni en ningún ser humano concreto de este mundo donde ha de hallar el cumplimiento de su anhelo. Y, sin embargo, en cada uno hay una parte, un destello, un fulgor de Ella misma.

Caballero y jardinero son dos fractales, dos modelos o momentos de un mismo ser. El jinete no refrena su ansia por alcanzar cuanto antes la luz del horizonte que sabe que será, al fin, llegada, acogimiento, parada y construcción, para un nuevo hogar, para una mansedumbre lúcida dentro del exilio, para un amanecer en el que ya no es necesario ir armado, cubierto, escudado. El jardinero, en cambio, aplaca todo afán de acelerar lo que ha de ser germinación despaciosa, crecimiento lento desde la luz que está en las entrañas de la tierra fértil y amable de la raíz; raíz vegetal y raíz amorosa, raíz del humus y círculo de afectos del inicio, que perduran. El jardinero habita ya en su centro, en su lugar, en el hogar que es de verdad el que le corresponde y del que quizás nunca ha tenido que salir o no lo suficiente para desorbitarse. El centauro ha cruzado mil mares y otros tantos desiertos; ha arribado y dejado atrás tantas ciudades que a veces —sólo a veces— confunde sus nombres y bellezas. Pero ello ha conformado una viveza extraordinaria de todos sus sentidos. Con la urdimbre riquísima de cuanto ha visto, oído, saboreado, acariciado, ha alimentado y fortalecido el impulso que lo anima a alcanzar la respuesta que busca: ¿dónde nació la rosa primera, la primera nube, el primer momento de alegría?

El jardinero no ha tenido nunca que desligarse, ni que romper ataduras o familiaridades. Siempre ha conocido el inicio del límite, el contorno que señala el lugar del vacío. Pero ambos carecerían de sentido de ser, el uno sin el otro. Jardinero y jinete son la carne y la voz verdaderas del camino, de la vía vital que nos pertenece seguir a cada uno.

El jardinero sabe bien que la extensión de su tierra necesita contornos, precisa una forma que la contenga y delimite. Un jardín implica un espacio que hace frontera o, más bien, umbral, entre él y el afuera, entre su dimensión y la del mundo. Como la Poesía. Como la Música. El sentido de los lugares referentes es, ciertamente, poseer unas dimensiones o coordenadas que podemos conocer y recorrer, aunque Jabès hablará de la imposibilidad de poseerlos o incluso de abarcarlos. Con la palabra, con la Poesía, con la escritura sólo podemos tener un acercamiento, nunca un encuentro completo. Porque todo poema es un océano. La poesía es un ansia continua. La vida misma y su devenir cobran con ella el máximo sentido, porque la poesía va en pos del sentido de la creación y de la eternidad. Y el jardinero lo sabe. Y el caballero es impulsado por ese motivo, lo conozca o lo ignore.

El jardinero se ha construido a sí mismo dentro de su cercado. Está, así, abierto a sí mismo y al corazón de su universo vegetal, en el que se ha creado un resguardo, una piel propia y una voz que es, muchas veces, acallamiento, y otras, poema u oración. Él ya ha logrado atravesar todos los ruidos y, cuando alguno se presenta y lo acucia, conoce el modo de ir disipándolo. En todo jardín se acaban siempre disolviendo las soledades. El jardín, lugar de la poesía, de la palabra, de la música, donde llegamos a *sabernos* verdaderamente, humanos surgidos de Dios. El jinete experimenta que la vida es un camino atravesado de continuo por el silencio y el vacío. ¿Cómo y dónde hallará al fin el reposo, el remanso que perdure, el surco que lo detenga en lo luminoso y lo benéfico? Quizás, en algún tiempo, el jardinero fue jinete. Quizás, en algún tiempo, el jinete se convierta en jardinero. O quizás no sea así y el jardinero siempre fue lo que fue y el jinete no dejará nunca de atravesar paisajes, hasta que llegue su último día. Pero, en cualquier caso, ambos son urdimbre de la vida, que se dan a la vez; que completan, en paralelo, una enseñanza. Los dos son complemento y cómplice del otro, aun sin saberlo.

Quietud frente al viaje perpetuo es lo que ve el jardinero cuando alza su vista más allá de las flores y mira al horizonte, por donde avanza la silueta del jinete. Travesía continua frente a la permanencia, frente al territorio inmóvil que es hogar, es lo que desde su montura divisa el errabundo: el vergel y las arenas son un todo, un microcosmos completo, como estos dos arquetipos humanos que los habitan y que vienen a mí, cobran forma y me narran su historia, cuando escucho *Mein Weg*, de Arvo Pärt.

En la más ínfima hoja, en cada árbol, en cada planta, puede verse la huella de todas las rutas de la Tierra: el jardinero posee enraizado en su suelo un mapa del mundo.

Al paso del jinete van esparciéndose semillas que él lleva impregnadas en su cabalgadura. De ellas germinarán sicomoros, lotos, acacias, papiros y bambúes, todos a su debido tiempo, aunque él no regrese sobre sus pasos para contemplar los manglares, ni los oasis, ni el curso de los ríos secos, ni las playas, ni el mar. Nunca sabrá el jinete, o no le importa, que él ha sido también un cultivador de las «islas sagradas», como Heródoto llamó a esos palmerales en Egipto.

El desierto, para el jinete (para Edmond Jabès) es un paisaje metafísico, el ámbito donde el poeta egipcio vivió el sentido trascendente de la vida. En la aparente «nada» de las arenas y las dunas su yo se liberará por completo, se desprenderá de su personalidad como de un fardo o de una cadena que le impedía ser de manera completa. Y sabrá, también, que sin el otro no somos nadie. No somos realmente. Y el desierto le llevará a ese desarraigo necesario para poder ver al otro y comprender que es parte suya, que es también él, y él es también el otro.

Alejarse de sí mismo para dar lugar al verdadero reencuentro. No escuchar sólo su propia voz, no mirar sólo su imagen, no sentir únicamente su sombra y su anhelo. El jinete busca incansablemente la cancelación de toda falsa identidad, de toda certeza. Ese es su destino, el del nómada eterno, que va al encuentro de Dios. Es su modo de escuchar la Vida.

La manera en que lo hace el jardinero (que también es Jabès) es la del alquimista de la tierra, la del viajero interior, la del monje o el eremita: quietud, de alma y de cuerpo, para recorrer el sendero más largo: el olvido de sí. Ninguno de los dos tiene la respuesta que concluye. Eso se escucha diáfano en *Mein Weg*: el continuo sonar de las distintas melodías, iluminadas por el asombro continuo, por la no resolución, sino «estelándose», deviniendo fulgor sonoro, rastro de una música que, aunque deje de oírse, sigue en algún lugar, permanece. Como el cuerpo. Porque, para Jabès, el cuerpo es el punto de partida de cualquier camino. Y es también el punto de llegada.

Dios y el ser humano se necesitan, según Jabès, porque el Ser necesita ser dicho, ser expresado, tener un testigo que, con la escritura, nombre lo engendrado. El poeta, con las palabras, proyecta luz sobre la Creación. El camino, entonces, es un continuo exilio en el que el poeta y cualquiera de nosotros se alza hacia lo Imposible, lo Indecible desde aquí. Lo Sagrado: las palabras son nuestra ofrenda al Amado.

Suena *Mein Weg* y sé que, de algún modo, el maestro Pärt ha «visto» también al mismo jinete y al mismo jardinero que yo he visto. O he sido yo quien, escuchando su música, ha vislumbrado la arena y el cielo, la tierra y la bruma que son mi camino. Y el suyo. El tuyo también.

PAISAJE TRANSPARENCIA

¿Cuánto puede vivir un árbol? Dicen que, en condiciones óptimas, un abeto puede llegar a acercarse a los quinientos años. Aquel fragmento de tronco de *Abies alba* ya sólo era un vegetal sin células vivas, un trozo de madera, un segmento macizo, recto y sin nudos, de ciento veinte centímetros de largo, cuando fue hallado a unos tres metros bajo tierra, al cavar un pozo en los campos de vides de Aesch, Suiza, en 1962. Quienes lo encontraron lo dejaron guardado en la bodega de la finca y allí permaneció, olvidado, hasta que en el año 2001 fue de nuevo descubierto. Esta es la historia de una perduración, de una permanencia, casi de una perennidad que se prolonga mucho más allá de la de sus ramas y sus hojas, las que de seguro lució mientras estuvo enraizado el abeto, un ejemplar adulto de unos doscientos años, que en el verano del 317 a. C. —conocemos la fecha exacta— fue talado o, probablemente, se cayó, a causa de un corrimiento del suelo arcilloso, y allí quedó sepultado durante dos milenios.

Surgir de la tierra y dar sombra y cobijo, resina y trementina, altura miradora para aves y ardillas. Después, ser abatido y permanecer, como un soldado inerme, abandonado al viento, los inviernos, las lluvias, para finalmente ser cubierto por un movimiento de las tierras que fueron su inhumación y su custodia anónima.

«¡Alabado seas, árbol! ¡Tú que eres madera para cunas y ataúdes, para órganos y violines! Tú que unes Tierra y Cielo, a ti te saludo. A cada árbol de la tierra, cada árbol de la tierra». Para estos versos de la poeta Viivi Luik compuso Arvo Pärt su música homónima, *Sei gelobt, du Baum*. Fue ese hermoso resto de tronco de abeto el que lo propició: poema y canción para un vigía derribado y para todos sus hermanos guardianes vegetales que han sido y son.

El año 317 a. C. la futura Suiza era una tierra habitada por los celtas. Europa Central estaba inmersa en la conocida como Edad del Hierro Tardía. Los datos arqueológicos son pocos, pero se sabe que aquellos antiguos pobladores de lo que será Helvetia construían cabañas en medio de los bosques y también en las llanuras; estaban organizados política y económicamente; cultivaban la tierra: trabajaban la artesanía haciendo joyas con el vidrio que llegaba de Oriente: y no se alimentaban de jabalíes, sino de carne de caballo y de perro. Tampoco practicaban la costumbre de incendiar sus asentamientos cuando los abandonaban. Julio César se equivoca, al afirmarlo así en su *Guerra de las*

Galias, o tomó por acción generalizada algo que sólo llevó a cabo alguna vez una pequeña minoría. Lo que sí dominaban los celtas era la tala de árboles.

Los estudios dendrocronológicos y las pruebas con el carbono 14 han datado aquel fragmento de abeto como un resto de ejemplar talado o caído en el estío del año 317 a. C. Puede que nadie se parara a contemplar su esplendor, que nadie distinguiera a este abeto de los otros, durante los dos siglos que se mantuvo erguido. O es posible que haya sido lugar de encuentro para cazadores, niños y parejas de enamorados. Los primeros apoyarían arcos y flechas en su tronco, mientras decidían la zona del bosque que iban a recorrer en busca de alimento. Los niños habrían jugado a esconderse entre sus ramas bajas y a coronarse la cabeza con algunas de ellas, como pequeños dioses celtas envestidos de su regio verdor. Los novios se trenzarían mutuamente collares y pulseras y habrían sellado su amor con sendos anillos de sus flexibles hojas. Tal vez, aquel abeto de la suiza Aesch fue lugar de reunión en las noches de luna e inspiraría cuentos y enseñanzas a los sabios del lugar, los antiguos druidas.

El bosque se hubo de llenar, quizás, de silencio, después de su derrumbe. Luego, negrura y acallamiento, en las entrañas subterráneas. Su historia es un itinerario de la Belleza.

Aquel madero de conífera acabó siendo convertido de nuevo en materia viva. Los propietarios de la bodega donde fue depositado durante cuatro décadas son músicos, y supieron apreciar la joya oculta. Encargaron que se hiciera con él un violín barroco y la parte restante fue convertida en la tapa de una guiterna, una guitarra renacentista, que entró a formar parte de la colección de instrumentos antiguos de la Fundación Albert Koechlin, en la localidad suiza de Willisau. A esta institución llegó en 2003 la poeta estonia Viivi Luik, para realizar labores de investigación, con lo que fue testigo directo de todo el proceso. La narración que escuchó de boca de Adrian Steger, director del centro de cultura en aquel tiempo, era mucho más hermosa que cualquier leyenda, mucho más poderosa que un relato o un cuento: ¡era el transcurrir del tiempo de Natura y el de un renacimiento! ¡Era la crónica vital de un fragmento de árbol que ahora era sonido, primero de unos versos, después de melodía!

Su ser arbóreo germinó y fue creciendo hasta convertirse en un esbelto y bello ejemplar. Sobre él cayeron nieves y lluvia; fue bañado por el sol y sus grandes ramas bailaron danzas sutiles o agitadas, según soplaran los vientos. Durante dos centurias sirvió de faro y resguardo a los pájaros y a las ágiles ardillas pelirrojas. Esta es la crónica imaginaria de aquel guardián del bosque. La ideo mientras suena *Sei gelobt, du Baum* en la versión de la Ensemble Leones, dirigida por Marc Lewon.

In nigrum, en lo negro de las entrañas de la tierra comenzaste a ser tú. Era otoño en los bosques suizos. Se abre paso la música que es loa para ti: la voz de un barítono va a ir desgranando versos de alabanza por todo lo hermoso que tú serás y darás. Lo acompañan un violín, un contrabajo y una guiterna. Son estos dos últimos los que destilan sus notas graves en los compases iniciales. Su melodía desnuda, las cuerdas frotadas del primero, las pulsadas al aire con un plectro de cuerno en el *guitern*, sin acompañamiento alguno, son espejo de tu primer latido, de tus primeras respiraciones subterráneas, abeto que serás. Es cierto y tú lo sabes, que todos estos instrumentos no existían en tu tiempo sino que el ser humano los inventó mucho después, para atrapar la luz y la umbría sonoras, esas que tú enlazas y entretejes y que en ti reverberan. Por eso voz humana, violín, contrabajo y guiterna merecedores son de ocupar un lugar en tu historia, el que supone hacer para ti, abeto que serás, este canto de loor, mucho más que un elogio, mucho más que un recuerdo.

Por dos veces la oscuridad fue tu nodriza: durante tu germinación y en tu extinción. Las entrañas terrosas que te contienen y te guardan están en silencio, pero algo suena en lo más profundo de su negrura. El poeta lo oyó. El músico también. No hay nada que siendo latido y soplo, por mínimo que sea, escape al sentir de quien domina el arte de la escucha. Esos sonidos, pulsos y pasos en tu inmovilidad son ya vida segura, vida de árbol, vida primera de tu apacible tiempo, el de la «energía de tu germinación», como llama la ciencia a la velocidad de tu desarrollo seminal. El contrabajo y la guiterna dialogan quedamente en la umbría. Comienzan a desgranar una canción de cuna. Sus voces, aun no humanas, dicen tan claramente:

«¿Estás?». «Estoy». «¿Aquí?». «Aquí». Se hace un silencio. Y después: «¿Serás?». «Seré». «Por ti». «Por ti». «Por mí, serás». «Por ti, seré». «Por mí, que soy tierra fecunda». «Por ti, que eres ya mi madre y mi lugar». «Salve, árbol», se abre paso la voz del barítono.

Tiempo de latencia, tiempo de dormancia, hasta que abeto seas en el bosque de Aesch. Nadie te lo dirá, pues lo llevas ya impreso, es la herencia riquísima de tus antepasados, que por millones de años han ido transmitiéndose unos a otros los árboles: parado, inactivo, oculto, dormirás hasta que sea tu hora de surgir.

Nada se oye en lo profundo en donde tú estás, abeto que aún no eres, aunque en la superficie pasan al galope, salvajísimas, manadas de caballos, estallan tormentas que abren ríos de barro y se celebran ritos de iniciación y de esponsales. Mientras en lo negro y en silencio eres sueño varado, aquí arriba la vida se ofrenda generosa en los bosques y cielos, ¿ajenos aún a ti? ¡No, pues Natura y estrellas te cuidan y te aguardan!

«Salve, árbol», dice el cantor en el poema de Luik musicado por Pärt. Y yo te digo: Loado seas tú que, abeto, llegarás a alcanzar la luz de las auroras y el azul de la noche. Bendito seas ahora que permaneces quedo, mansedumbre de siglos tu simiente callada. Loado seas presente aunque escondido, gestándote al lentísimo compás de tus congéneres. Un susurro perpetuo es la voz de los árboles, lenguaje sólo audible en el que es vuestro reino. «No despiertes aún», murmuran para ti. No te abras, no rompas tu coraza embrionaria. Sigue ahí, sumergido, pues ese es tu quehacer mientras las nieves marcan las calendas de invierno.

Y la voz del barítono te agradece que hayas brindado espacios de bienvenidas y de adioses, las cunas y ataúdes que de ti se han ahormado. Te da encendidas gracias el cantor porque has llegado incluso a ser cuerpo para la música. Y aún más alaba tu poder para ensamblar suelo y aire, tierra y alturas, luz y umbría, don que no sólo a ti te pertenece, sino a todos tus hermanos arbóreos del mundo.

Y yo te digo: Loado seas tú, que todavía pareces dormitar hasta que llegue tu tiempo verdadero. Loado por saber permanecer en la quietud tejedora de tu perpetuidad, la tuya y de los tuyos. Mientras tanto, en el bosque, se han encendido hogueras. Es el *nemeton*, el lugar sagrado en el que, en torno a su druida, se han reunido hombres y mujeres a festejar la estación más oscura, el Samhain, como se llamará a partir del siglo IX la llegada del invierno, cuando el dios solar muere y entra en el reino de los espíritus. Son ramas de sauce y pino secas, elegidas expresamente por el jefe druida, las que se prenden ceremonialmente cuando cae la noche y llega el «sol quieto». Solsticio, lo llamarán los romanos, un ceremonial que aún se da en tantas otras culturas, un momento que igualmente se conserva en la Nochebuena ortodoxa, la de la fe que profesa el maestro Arvo Pärt. La Luz sonora es la que va trazando este mapa de vida.

El fuego protege y purifica. El fuego ilumina el umbral, el paso de una estación a otra y el encuentro de los dos mundos: el de los muertos y el de los vivos. Las hogueras son marcas de los espacios liminales, ventanas a otra dimensión. El druida alza los brazos en señal de lo extenso y poderoso de un Sol que ahora se esconde. Las nieves y lo oscuro lo ocultarán hasta que vuelva a renacer, como en cada ciclo, como cada círculo completo del tiempo. Así tú, abeto, en el subsuelo. Bajo los pies de toda esa asamblea que bebe, come y baila, que repite los gestos de su guía, tú que árbol serás, seguirás sumergido hasta que al fin atravieses oscuridad y silencio.

Décadas pasarán mientras creces. Y alcanzarás el aire, las alturas, los pasajes ventados y azulados de allá arriba, donde las ramas altas serán las predilectas para un breve posarse del halcón boreal. Y en tus ramas más bajas un pequeño verdor coronado de oro, ¡el reyezuelo!, se moverá agilísimo mientras trenza su canto. Ya estás siendo lugar para la música. Ya convocas en ti la Belleza, la Luz y la Unidad. Eres ahora ya uno de los innumerables brazos de la Tierra. De tus raíces hasta la parte extrema de tu copa allá arriba, te me figuras un amoroso brazo extendido para alcanzar el Tiempo y lo Inmortal.

«*Sei gelobt, du Baum*, alabado seas tú, árbol, que unes Tierra y Cielo. Salve, a cada árbol de la tierra», canta el bajo barítono Raitis Grigalis. Con su voz se abren haces sonoros por los que tú, abeto, te expandes para mí en tu esbelta estatura. El maestro Arvo Pärt ha hecho que sea primero el violín solo el que trace los que son tus fulgores y ascensos, tus encajes solares y estallidos. Le siguen, en espejo, los demás instrumentos de arco. Sonidos agudísimos (¡sus registros más altos!), para que Tierra y Cielo puedan por fin rozarse, aunque sea un instante. Y tras esa eclosión, después de esa escalada tuya desde *in nigrum*, la música de la guiterna para el regreso al lugar verdadero, el de los árboles de los bosques antiquísimos que te precedieron y esperaron.

En 2023, tres lustros después de que Pärt compusiera *Sei gelobt, du Baum*, mientras se archivaba en su Fundación la documentación relativa a esa pieza musical, se encontró junto a ella otra parte de ti, una astilla de tu tono más ámbar: en su momento se la había enviado Adrian Steger para que el maestro, inspirándose en ella, creara alguna partitura.

Semilla, árbol, tronco o rama, fueron y son en ti, abeto milenario, Naturaleza y Música: Paisaje Transparencia.

RAÍCES CRECIENDO HACIA LO ALTO

En Laulasmaa, a treinta y cinco kilómetros de Tallín, se halla el Centro Arvo Pärt. En un paraje frondoso, rodeado de pinos, junto al mar Báltico, la arquitectura de este edificio se inserta en la Naturaleza como una hermosa candela entreverada y sostenida por esbeltas columnas, similares a los troncos de la arboleda circundante. La fundación, con sus diversos patios en forma de pentágono, alberga espacios de interior completamente protegidos del sol, junto a otros de una extraordinaria transparencia, en los que la luz natural penetra tanto a través del techo de vidrio como de los grandes ventanales de cristal.

El Arvo Pärt Center parece haber emergido de las entrañas de la tierra misma que lo rodea. Su geometría se abre paso entre los árboles, encajándose perfectamente en medio de la espesura de los altos pinares: Arvo Pärt y la Naturaleza. Arvo Pärt y la sonora Luz; las raíces creciendo hacia lo alto.

Laulasmaa es el mejor bosque de la Tierra para que, en él, se alce este edificio con su torre vigía, un faro que mira al mar entre los árboles, la geometría y el silencio. Así lo han concebido los arquitectos responsables de este espacio, los españoles Fuensanta Nieto y Enrique Sobejano. Allí se escolta y se ofrece la obra íntegra del compositor, sus manuscritos, sus libros, sus partituras autógrafas, todo su patrimonio creador. Fotografías, cartas, películas, grabaciones, las huellas y los frutos de su camino, su espera, su búsqueda y quehacer.

De toda esa estructura que es el Centro Arvo Pärt sólo su faro se alza por encima del dosel de los árboles. Sólo ella, la torre helicoidal, los supera en altura, para que, quien desde allí observe las vistas, pueda disfrutar de la extensión aérea de sus miles de copas y contemplar las aguas del Mar de la Tarde, como llaman los estonios a este mar de mil nombres. Frente a él, este otro mar, el de las copas de los millares y millares de pinos silvestres, espejos unos de otros, formas que, casi idénticas, conforman el todo que es el bosque Laulasmaa.

Para entenderlo o sentirlo, hay que caminar por ese paisaje mientras suena *Spiegel im Spiegel*, *Espejo en el espejo*, música especular, música-arboleda, que, en sus movimientos melódicos y armónicos, en escalas y acordes, se refleja a sí misma y se despliega en todas sus posibilidades de repicar de campana. A cada línea de melodía que asciende le sigue una que desciende. Es así música que se aleja y se acerca, como ola y luz, con una nota más o una nota menos, en sus secuencias *hacia* o *desde* la nota central, *hacia arriba* o *hacia abajo* de la nota epicentro, aproximándose a ella o distanciándose. Ese es el doble reflejo, el espejo en el espejo de la partitura de Pärt. Esa es la proyección de un infinito sonoro. Cuando, tras alejarse, la melodía regresa a la nota del *la* —ese *la* que el escuchante ha recibido al principio y que es a la vez nave y anclaje de esta partitura— se experimenta al fin el regreso, el «volver a casa después de haber estado alejados», como ha explicado el músico.

Spiegel im Spiegel, música que recrea nuestro ser en el Ser, nuestro estar contenidos en la Vida.

Pärt llama, además, «ángel de la guarda» al acompañar del piano al violín o al instrumento que, en su caso, toque la melodía principal, un ángel guardián tintinnabular, diría yo, ángel custodio que se hace campana también, que evoca e invoca, que llama al ser llamado.

Si se buscara saber cómo suena la luz bastaría con escuchar *Spiegel im Spiegel*. La música de Pärt no es melodía y acompañamiento que se dan separados, sino que ambos van al encuentro del otro. A eso lo llama el maestro «el uno», «la unidad». Ese es el sentido de la música tintinnabular: desplegarse para regresar al origen, a su comienzo o surgimiento. ¿Como el fragmento de árbol? Como su simiente, que lleva en sí todos los demás árboles. La diversidad nace siempre de la unidad, por mucho que después se aparte de ella. Todo parte del uno. Y vuelve al uno. Así es en la música de Pärt.

Una melodía, una obra que emerge de una sola nota esencial, fundamental, tan valiosa que sería suficiente con que esté bien tocada para que ya fuese música. Así lo considera el maestro estonio. Esa nota será núcleo, simiente, onda primera, para abrirse después como Música (o Bosque o Mar). No hay aquí un lenguaje metafórico sino el esfuerzo de expresar la mayor literalidad de todo sonido tintinnabular, y de la gestación de una arboleda como la de Laulasmaa o las olas del Báltico que bañan sus orillas. Música, Natura y Oceanía primigenias.

Leopold Brauneiss ha hablado de la «metafísica sonora» de Arvo Pärt. Exactamente es eso: es el ser que va al Ser, tras haberse desplegado, desarrollado, reverberado en Él. Porque nada está fuera. Nadie se halla exiliado en la nada absoluta. Por extrema que sea la frontera siempre habrá una frontera última, ese límite que nos acote y contenga. Y es así aunque nuestro sentir y nuestro ritmo no vayan a la par que los del mundo.

Mirar la unidad es ver el infinito. Escuchar esa nota primera de *Spiegel im Spiegel* y oír en ella toda la música del mundo. La comprensión y percepción de la Vida como un universo fractal.

De algún modo, como ya se ha sugerido, el fractalismo del profesor Mandelbrot, su manera de ver la Naturaleza, y la música tintinnabular del maestro Arvo Pärt, están muy próximos. No hay aquí comparación ni igualamiento, en modo alguno, pero sí un deseo de mostrar que ambos, cada uno en su universo (las Matemáticas y la Música, respectivamente) se ocupan de lo mismo: de la esencia de la unidad y lo infinito y de la búsqueda de su constante interrelación. ¡Es tan diáfano, al escuchar *Spiegel im Spiegel*!

Son el violinista Renaud Capuçon y el pianista Guillaume Bellom quienes abren paso a la luz sonora al interpretar *Spiegel im Spiegel*. Esto ayuda a contemplar las raíces creciendo hacia lo alto, los pinares altísimos del bosque de Laulasmaa...

Entrar en ese paisaje y recorrer la arboleda que circunda el Centro Arvo Pärt; caminar contemplando ese efecto que es la constante repetición de los miles de pinos aparentemente iguales, e ir percibiendo, a la vez, que cada uno presenta su pequeña variación, su quizás mínima pero evidente diferencia, su particularidad de ser arbóreo, en su tronco, en el ramaje, en su tamaño, es como asimilar una lección sonora y vital del maestro Pärt.

En algún lugar del mundo el jinete cabalga, el jardinero sigue sembrando en su jardín y, en Laulasmaa, un caminante recorre la tierra de la luz y de la umbría a orillas del mar.

«El viento sopla donde quiere y oyes su voz, pero no sabes de dónde viene ni a dónde va. Así es todo lo que nace del Espíritu». Es lo que escribe Juan el Evangelista (Jn 3, 8). Dicen que fue un barrendero quien le dijo al maestro Pärt que amase cada nota, cuando este le preguntó qué es lo que ha de hacer un compositor. El viento sopla donde quiere. El viento, la voz de Dios, puede dársenos en cualquier momento y de cualquier modo, siempre hermoso, inesperado, libre hasta el extremo. «El viento sopla donde quiere», también en los bosques de Laulasmaa.

Sigue escuchándose *Spiegel im Spiegel*, notas tenidas, notas larguísimas del violín, mientras el piano va marcando sonidos evanescentes de menor duración, pasos que lo acompañan sin violentar la lentitud del instrumento de cuerda. *Espejo en el espejo* es un campo de fulguraciones sonoras en torno a un mismo espacio infinitamente reflejado. La música avanza, aunque parezca que apenas se mueve de su centro. El bosque avanza, no hay más que mirar hacia las copas de los árboles para apreciar su voluntad aérea.

Si la vida del jardinero es la permanencia y la del jinete es el peregrinaje, la del caminante, quien de algún modo cierra este tríptico humano, es vivir la contemplación, dejarse hacer, entregarse. Paso a paso, el caminante sigue el rumbo, el itinerario de la luz, para verla entre las ramas y las nubes, y también en su descender y extenderse entre los claros de Laulasmaa.

No se mueve sin sentido el caminante; está atento a los pasos de la sonora luz, a su aparecer y destellar, a su replegarse y brillar en lo más vertical de la rama más alta, allí donde le gusta habitar al reyezuelo. ¡Y ahora mismo uno está haciendo el nido en la copa de un anciano ejemplar que casi toca el cielo! ¡Es tan mínimo el peso, tan escasísimo el cuerpo de su ser emplumado que esa lanza vegetal que apunta hacia las nubes no puede acusar siquiera el material del que construye su casa de musgo y liquen! El canto del *regulus regulus*, rápido como él mismo, agudo y con florituras al final de su fraseo, recibe la respuesta de otros pequeños reyes, espejos unos de otros dentro del bosque pleno de otras melodías y llamadas, las del silbido marino del halcón abejero, el canto con tema y variaciones del trepador azul, el *staccato* nervioso del pico picapinos, la suite-fantasía *a piacere* del carbonero, el divertimento canoro del zorzal o el apagado y profundo ulular del cárabo uralense. Todos son espejos en los espejos, creaciones vivas que se recrean sonoramente unas en otras, cada una habitando los árboles, las raíces que crecen hacia lo alto.

El caminante se deja hacer. Conoce bien la *Scala Paradisi* y sus treinta peldaños. La Escalera que lleva al Paraíso, Natura la despliega a su modo, el de ser una loa continua a la Creación. El caminante sabe de los treinta escalones, que parten de la renuncia, la penitencia y la aflicción como las verdaderas alegrías, y que lentamente van subiendo hasta la derrota de los vicios y la adquisición de la virtud, la evitación de las trampas del ascetismo, la consecución de la paz del alma, de la oración y la *apatheia*, y llegan a alcanzar la Trinidad de la Caridad, la Esperanza y la Fe. Es la escalera que vio en sueños Jacob, como la describe el Génesis, por la que los ángeles descienden a la Tierra y ascienden hasta el Cielo, la misma escala de la que habla Juan Clímaco, el monje anacoreta del siglo VI, santo para católicos y ortodoxos. El caminante ha leído tantas veces su tratado de ascética que ya no precisa abrir sus páginas. Forjó su alma especular con ellas y ahora ya sólo necesita caminar (o estar en quietud) y, en silencio, contemplar.

Esa escala de la Vida es un proceso diario, en el que a veces el caminante avanza y otras parece ir hacia atrás, ¡como la música de *Spiegel im Spiegel*!

Cae la luz de un sol de mediodía sobre su espalda, mientras se adentra en la arboleda más profunda. El caminante es, cada vez más, espejo de Natura y espejo de esa Música. En él la Luz Sonora va abriéndose camino. Él, que ora, es orado.

Imaginarlo así, entre los senderos, y mirar a la vez el vídeo de la interpretación de *Spiegel im Spiegel* en el que Renaud Capuçon ofrece un *continuum*, un hilo de oro al que el pianista Guillaume Bellom va acompañando con tan sólo tres notas, las del acorde desplegado, y con pequeñas «notas de campana», más agudas o más graves que cada una de las que suenan en el violín. El espacio en el que están tocando los dos músicos es de un blanco absoluto o ese es el efecto visual que ha querido ofrecer el director cinematográfico Deyan Parouchev. Blanco el suelo, blancas las paredes, blancura nada más. Lo blanco como receptáculo y prisma de la música-luz: la cámara como prisma en estado puro. ¿*Spiegel im Spiegel* es, además de música, *Scala Paradisi*? Lo es casi toda la obra del maestro Arvo Pärt. Todas sus partituras sacras son un movimiento perpetuo que tiende hacia Dios, que busca y abre un umbral para que la belleza se encuentre con la Belleza, para que las raíces de todo lo creado crezcan y se alcen hacia Su Hacedor. También todos nosotros somos, como la música y los árboles, raíces creciendo hacia lo Alto.

Va cayendo la tarde sobre Laulasmaa y el caminante se ha dirigido a la pequeña capilla del Centro Arvo Pärt, para orar ante el icono. Las puertas del diminuto templo están abiertas de par en par.

Construido en uno de los patios, sus dimensiones espaciales ocupan muy poco, pero el recogimiento y la Vida que emanan de su interior son máximos. Es un oratorio ortodoxo en miniatura, con el techo y las paredes de un blanco impoluto. En la pared oriental, la principal, hay pintada una imagen a gran tamaño del Pantocrátor, Dios Todopoderoso, acompañado, a un lado y otro, por las figuras de San Silvano y San Sofronio, a quienes está dedicado este recinto sacro. El maestro Pärt conoce bien el legado espiritual de ambos monjes, pues tuvo un trato intenso e intimísimo en lo religioso con el archimandrita San Sofronio mientras este aún vivía.

Sofronio ingresó en el Monasterio de San Panteleimon, del Monte Athos, en 1926, y allí conoció a Silvano, de quien se convirtió en su discípulo, y también en su biógrafo y traductor. Ha sido San Sofronio quien ha descubierto al mundo las enseñanzas de Silouan a través de sus escritos, en los que se transmiten las experiencias de amor y fe del consagrado con el Creador. Pärt ha sido lector de San Silvano, con él se ha «alimentado y educado», como el compositor admite. Y, además, como ya se ha indicado, mantuvo una estrecha comunicación directa con Sofronio.

Los dos religiosos ortodoxos, el archimandrita y el athonita, han sido y son dos almas iluminadas generosamente por el Espíritu. De ambos ha hecho el músico estonio luz sonora, obras que muestran ese camino ascendente hacia Dios que cada uno de los tres ha experimentado, asumido y encarnado. Ya se ha hablado de *La canción de Silvano*. Otra pieza sacra inspirada en él es *El lamento de Adán*.

Escrita entre los años 2009 y 2010, la música de *El lamento de Adán* teje su polifonía a cuatro voces con este pasaje de Silouan el athonita que Sofronio recogió en el libro *Staretz Silouan*. Cito de nuevo al maestro Pärt para dar idea de lo que el personaje bíblico simboliza en toda su ontología de fe:

> Para el santo Silvano del Monte Athos, el nombre de Adán es como un término colectivo que abarca a la humanidad en su totalidad y a cada persona por igual, independientemente del tiempo, la época, el estrato social y la con-

fesión. Pero, ¿quién es este Adán desterrado? Podríamos decir que somos todos los que llevamos su legado. Y este 'Adán total' ha estado sufriendo y lamentándose durante miles de años en la tierra. Adán mismo, nuestro padre primigenio, previó la tragedia humana y la experimentó como su culpa personal. Ha sufrido todos los cataclismos humanos, hasta las profundidades de la desesperación. (Extraído del folleto del disco *Adam's Lament*, de Arvo Pärt, publicado por el Sello ECM, en el año 2012).

Ese mismo Adán es el que está pintado en uno de los laterales de la capilla del Centro Arvo Pärt, de Laulasmaa; el mismo al que se le escucha orar y llorar a través de las voces del Coro de Cámara Filarmónico de Estonia, el conjunto Vox Clamantis y la Orquesta Filarmónica Borusan de Estambul, dirigidos por Tõnu Kaljuste; el mismo Adán que cada uno de nosotros ha experimentado en la desesperanza y el vacío, en la derrota en la que se abisma nuestro ser cuando la nada parece haber vencido a nuestra felicidad. Adán es el ser humano en su frágil envoltura, cuando se adentra en la búsqueda del sentido de sí y de la Vida, es decir, cuando comienza a anhelar un amor que jamás verá saciado en esta Tierra. Mil veces mil, todos nosotros hemos errado ensoñando y recorriendo parajes donde los ríos son caudales de sed, el cielo sólo porta tormentas de fuego y la tierra parece no ser lugar alguno para raíces que florezcan. Ese es el lamento de Adán, sus lágrimas y su voz, implorando por todos los caminos muertos donde se ha internado y se internará cada ser humano. Todos somos la Súplica atravesada por el rayo del Amor y el Abismo. Mas Adán está representado en un icono, junto al Creador. Porque, para la Iglesia ortodoxa y la católica, Adán está en el Paraíso. Y con él, Eva. Así es. Y ambos simbolizan a toda la Humanidad; son metáfora de nuestra verdadera naturaleza, de nuestro origen y destino. El caminante bien lo sabe.

Está rezando de pie ante el Pantocrátor. Todo es quietud fuera y dentro de él. Sólo se escucha el leve crepitar de las llamas de las lamparillas y el lejano canto de los pájaros en el bosque. El caminante está inmóvil ante el icono del Señor. Ahora vuelve a experimentar una vez más el desprendimiento y alejamiento de cada renuncia, el hielo oscuro de todas las derrotas, la resistencia, la lucha, el mercadeo del corazón que ha de atravesar los puentes del destierro. *El lamento de Adán* es el de cualquier hombre, el llanto de Eva. Pärt despliega todos los espejos humanos, todas las posibles configuraciones de la Humanidad del pasado, el futuro y el hoy en esa música. El coro se abisma en silencios absolutos, para alzarse una y otra vez hacia lo alto en clamor y llamarada, en súplica y ofrenda. La luz sonora, enterrada, se abre paso hacia la altura. Se funden después, al fin, todas las voces en una única visión: el deseo de Misericordia, de Humildad y de Amor. Porque todos son Adán. Todos han perdido la gracia y claman junto a él a Dios. Es lo que el coro entona acompañado por los acordes disonantes de los violines y los demás instrumentos de cuerda.

La luz sonora se abre paso con una fuerza extraordinaria, sin romper la extrema fragilidad del orante. *El lamento de Adán* es rezo y es icono, es Música ante la que es preciso mantener los ojos abiertos, ser una escucha máxima: la referida escucha que mira.

El caminante recuerda las palabras del archimandrita Sofronio, cuando, en su libro *Ver a Dios como Él es*, habla de la naturaleza de la Luz increada. ¿Cuánto y qué, acerca de ella, habrán hablado el santo y el artista? La luz sonora del músico es anhelo de una llama que canta y se lanza hacia el cielo, para buscar la Luz, el Rostro del Eterno.

De esa Luz halló Arvo Pärt muchos destellos durante los ocho años que se mantuvo en silencio, sin crear, después de haber *traspasado la alambrada*. Después de ese silencio, y sólo gracias a él, Pärt se halló en medio de su universo tintinnabular. Todo sonó de nuevo, en un sentido originario: todo sonó como han de sonar los textos primeros, las Sagradas Escrituras. En adelante la música será para él un «ser vivo», así la definirá en sus palabras de agradecimiento, al recoger el Doctorado Honoris Causa en Teología por la Universidad de Friburgo, el 4 de mayo de 2007: «Dios entra en mi vida a través de la música», afirmará ante el público asistente a aquel acto.

Tres décadas atrás, había sido un humilde barrendero quien le había dado la clave que le ayudó a abrir esa puerta cerrada que guardaba el abismo. En lo más pequeño siempre se expresa el Infinito. En el más humilde de los hombres está aguardándonos Dios. Pero, ¿quién se atreve a mirar *esos ojos*? Pärt lo hizo. Le pidió ayuda a aquel desconocido que nada tenía que ver con la labor que él desempeña. Confió en que aquel limpiador de calles podía tener respuesta a su búsqueda y no se equivocaba. «¿Qué debe hacer un compositor?» «Amar cada uno de los sonidos».

El caminante se ha vuelto ahora hacia el icono de la Madre. Es una pequeña tablilla de la Theotokos sobre una mesa, a la izquierda del mural del Pantocrátor y de los dos monjes santos. Unas velas encendidas hacen reverberar los destellos de las llamas sobre la estampa de madera. El caminante prende también uno de los estrechos y largos cirios de cera de abeja ante la imagen de la Virgen. Ya no hace preguntas. Sólo deja que vengan a su memoria y a su corazón palabras de los Textos Primeros, de los Padres de la Iglesia, de las enseñanzas de los Padres del Desierto y, finalmente, las Palabras de Jesús en la cruz, que recoge San Juan evangelista... «Mujer, he ahí a tu hijo». El caminante mira el icono de la Madre. «María es el Silencio donde nace la Palabra, donde nace Su Hijo Jesús», le dijo una vez un sacerdote católico. Y el caminante responde ahora en un murmullo: «María es el Silencio donde nace la Luz». A ella le reza el caminante:

«Ave María, Santa Madre de Dios y Madre Nuestra, lleno tu rostro de besos y de rosas tu regazo. Madre santa y querida, siento en mí cada uno de tus abrazos, veo ante mí tu rostro encendido de alegría y sonrisas con tan sólo pensarte. Madre María, camino de tu mano por las calles, junto a mí vienes en todos mis peregrinajes, conmigo miras la Belleza del mundo, la luz de las estrellas en la noche, los reflejos del sol en el mar. Son espejos de todo Su Esplendor, el que el Padre sueña y crea cada día para todos Sus hijos. Porque Dios vuelve a crear cada amanecer y cada ocaso, es continua Su acción creadora, como es continuo Su Amor hacia cada uno de nosotros. Y tú, María, nos meces y alimentas, nos cantas y nos consuelas del posible dolor, mostrándonos todo lo bueno. Porque tus ojos siempre miran la Verdad y la Belleza y son los umbrales del Amor. Tú eres quien nos guía hacia el Señor. Tú eres el Silencio donde Él, la Luz, se aviene y nos rescata. Loada seas, Madre. Loado sea Jesucristo, tu Hijo, nuestro Salvador. Amén».

Orar con sus propias palabras, las que le brotan al caminante del lugar más profundo de su auténtico ser. Y orar con la Palabra, con los textos del Antiguo Testamento y, sobre todo, con la oración que Jesús enseñó a sus discípulos, para que hablaran al Padre... El Padre Nuestro en alemán, al que Arvo Pärt ha puesto música, ese *Vater Unser* lo escuchó el caminante años atrás, en una iglesia polaca, aquel inolvidable lugar: el santuario católico de Jasna Góra, Claro Monte, en Czestochowa... Todas las lámparas del templo lucían encendidas, incluidas las gigantescas arañas de cristal, los candelabros de los muros laterales y, por supuesto, las luces del altar...

La basílica al completo irradiaba luz aquel día en que, dentro del Festival Gaude Mater, se celebraba el ochenta cumpleaños del maestro. Y él, Pärt, estaba allí, escuchando su música, en la voz del contratenor Andreas Scholl y la

Orquesta de Cámara Morpheus, que sonó bajo la batuta de Tomasz Wabnic... Cuando acabaron la interpretación del Padre Nuestro, Arvo Pärt se puso en pie para aplaudir. A su lado, varios monjes paulinos, miembros de la comunidad religiosa que custodia el lugar, acogieron también, con alegría en sus rostros, la versión cantada del mayor rezo que Jesús enseñó.

Se agolpan en la memoria del caminante los momentos e imágenes de aquella jornada. Durante un buen rato siguió con la mirada, desde lejos, los gestos y movimientos de Arvo Pärt, cómo le agasajaban unos y otros y cómo él, con ademanes suaves, a todos respondía. Y recuerda también lo que el compositor ha dejado dicho en alguna de las entrevistas que se le han realizado. En el libro que, en español, se ha traducido como *Conversaciones con Arvo Pärt*, el maestro estonio le dice a Enzo Restagno:

«Los textos (sagrados) existen independientemente de nosotros y nos esperan. Cada uno tiene un momento para encontrar el camino hacia ellos. Este encuentro ocurre cuando los textos no se tratan como literatura ni como obras de arte, sino como puntos de referencia o modelos».

El caminante ha salido de la capilla y vuelve a adentrarse en los pinares de Laulasmaa, en dirección a la orilla del mar. Atardece y hay esquirlas de luz aún en el suelo, las que las ramas de los árboles filtran de un ocaso extraordinariamente hermoso. El cielo, arriba, es morado, áureo viejo y añil. Y abajo, en las arenas, ha extendido una gama finísima de púrpuras y cárdenos. Jamás ha conocido el caminante tonos así en ninguna otra costa del mundo. Y quizás tampoco sean más que un único momento de la luz de Laulasmaa, que no volverá a darse. Ahora entiende por qué otro de los nombres que los estonios dan al Báltico es Mar del Oeste: sobre él se extiende el crepúsculo en todas sus posibles tonalidades, es un Mar de Poniente, porque en él el Sol, antes de esconderse, despliega su color de silencio. Ya es la noche.

El caminante está frente a las aguas ahora negras. De nuevo, reza, y lo hace cantando. El *Vater Unser* viene a sus labios como una alabanza y una plegaria en música. En él la luz sonora se ha hecho llama que reverbera en el bosque y en las aguas, y en ellos se refleja el Rostro del que es la Luz.

Madrid, 29 de marzo de 2025

OBRAS CITADAS DE ARVO PÄRT

Summa
My Heart's in the Highlands
Magnificat
Tabula Rasa
Credo
Für Alina
Cantus in Memory of Benjamin Britten
Fratres
Festina lente
Silouan's Song
Partita, opus 2
Mein Weg hat Gipfel und Wellentäler
Mein Weg
Sei gelobt, du Baum
Spiegel im Spiegel
Adam's Lament
Vater Unser